THE BILINGUAL SPECIAL EDUCATION DICTIONARY

Richard A. Figueroa
University of California, Davis

Nadeen T. Ruiz
National Hispanic University, Oakland

Edited by: Rogelio Díaz-Guerrero
Universidad Nacional Autónoma de México

The National Hispanic University Press

Table of Contents

NOTE TO THE READER

The purpose of this dictionary is to help school personnel communicate better with Spanish-speaking parents regarding special education. It is meant to be a practical tool.

- Each English term has a direct technical translation in Spanish.

- Each term is accompanied by an *explanation* in *everyday,* informal Spanish.

- To accommodate the linguistic needs of limited Spanish proficient professionals, *shorter words* are often used in the explanations.

- The most commonly used technical terms in Spanish are included, ocasionally providing a *variety of options* for a single term.

- Where necessary, new Spanish terms are generated to accomodate special education terminology in the U.S.

INTRODUCTION

THE NEED

The number of Hispanic children in the public schools of the United States continues to increase. Many of them continue to be limited English speaking. Many of their parents continue to speak Spanish in the home.

Until the appearance of bilingual education, the response of the public schools to Hispanic pupils was inefficient and costly: inefficient because Hispanic children underachieved in great numbers, costly because they were often placed in special education classes without valid evidence of exceptionality. In the 1970's, extensive litigation challenged the practice of special education misplacement. Furthermore, legislation such as the landmark PL 94-142, the Education for all Handicapped Children Act, called attention to the use of the primary language in several facets of special education.

Recently, more and more attention is being directed towards special education for handicapped limited English proficient (LEP), Hispanic children. The number of LEP children eligible for special education has created a demand for professionals competent in the language and culture(s) of Hispanic pupils.

BILINGUAL SPECIAL EDUCATION

As with other "new" educational enterprises, bilingual special education has presented educators with unique and unexpected challenges. One of these challenges lies in the area of communication. The questions that arise here are numerous and of critical importance: How are parents informed about their children's suspected handicapping conditions? How is *informed consent* secured in the legal sense of the word? How are parent participation and support engaged? Who is it that translates? How do they translate? What at first seemed like easy answers to these questions have proven extremely problematic. "Direct" translations of forms, announcements, regulations, and hearings are misleading because of the specific terminology used in special education. Reliance on a standard dictionary is futile or conducive to a type of Spanish guaranteed to do eveything but *communicate*. The following example illustrates how English jargon translated into Spanish jargon does nothing to contribute to the goal of *informed consent:*

> "Condicionamiento (Conditioning):...
> Proceso por el cual una respuesta es desencadenada por un estímulo, objeto o situación natural que debe provocar la respuesta..."[1]

A more complete Spanish version is well worth the effort if adequate communication and collaboration is to be achieved:

2

"Condicionamiento: Una reacción que normalmente no ocurre hacia un objeto o hacia una situación; una reacción aprendida. Por ejemplo, los niños normalmente no les tienen miedo a los conejitos. Pero si un niño ve un conejito al mismo tiempo que oye un gran ruido que le asusta, ese niño les tendrá miedo a los conejitos. Ha aprendido, o mejor dicho, ha sido *acondicionado* a tenerles miedo."

BILINGUAL SPECIAL EDUCATION DICTIONARY

Purpose

The aim of this dictionary is two-fold: 1) To provide school personnel and parents with correct, technical Spanish terminology for special education; and 2) To supplement the terminology with communicable explanations for use with parents and pupils. This dictionary can be used in many ways:

—Translating forms, laws, regulations, IEP's, etc.
—Conducting interviews, assessments, meetings, etc.

Anyone associated with Hispanic LEP pupils in any facet of education will find this text useful. Special education is no longer the sole property of special educators. With mainstreaming, handicapped LEP students are the concern of the entire educational system.

Content

Each special education term in this book has a direct Spanish technical translation and an *explanation,* in Spanish, of the term. The latter is not strictly a *definition* in that it does not cover all or most possible meanings. The goal here has been to provide accurate explanations for parents from all socioeconomic and educational backgrounds. An effort was made to use non-technical and high frequency words in the explanations. *

The words translated and explained were chosen from various sources. Most of the words were collected from special education text books (Mexico and the United States). Also, special education personnel in California were surveyed regarding the Spanish vocabulary they need in order to work effectively with Hispanic children and their parents.

The list of words included in this dictionary is not exhaustive. When a specific term is not found in this text, three possible alternatives exist for the reader. First, s/he may look in appendix A where an additional set of terms judged to be low incidence words is provided. These terms are accompanied by technical translations, but not explanations. Second, the reader may think of possible synonyms for the desired term and look for them in the text. If a synonym is found, the reader may either use that translation/explanation, or develop a parallel explanation, i.e. one that employs the same type of Spanish vocabulary and examples. Third, the reader may contact the authors of this text.

---

*Occasionally, the technical translation will be sufficiently clear so as to not need an explanation.

Suggestions For Use

All personnel who work with Hispanic pupils and their parents on matters related to special education can use this dictionary. It is assumed that the user possesses a reasonable level of competence in Spanish. Very fluent Spanish speakers who encounter difficulty with the English terms will find Appendix B useful. Appendix B provides an alphabetical list of the *Spanish* technical terms and their English equivalents. Technical vocabulary from Appendix A is not included.

The text is also useful in direct, oral communication. It is recommended that the person who will speak to the pupil or parent review the explanations *before* a meeting. In the event that a term must be found during the meeting, much of the print in this book is large, and the number of terms per page, small. Additional space is provided under each explanation for personal notes and elaborations.

Sometimes a technical term different from the one listed in this book has gained wide-spread acceptance by a particular community or school. For example, *terapista* might be used as the equivalent of *therapist* rather than *terapeuta* as listed in this dictionary. In this case, users of the dictionary may want to continue using their specific regional term. The corresponding explanations provided by this book probably will apply.

The authors caution that the translations/explanations must never be used to translate and administer tests normed in English. To do so is to invalidate the norms of the test and to violate PL 94-142. Research will soon appear showing how translations of English normed tests produce different tests. More specifically, the item-difficulty values (p values) change in unpredictable ways. Furthermore, normed tests in Spanish will soon become available.

Appendix C provides a list of the translated *names* of tests used in special education assessment.

THE FUTURE OF BILINGUAL SPECIAL EDUCATION

On September 4-9, 1981, the "First National Congress on Mental Deficiency" was held in Mexico City. Dr. Marcia Gilbert de Babra from Ecuador presented a sobering and dramatic projection of the numbers of Hispanic children in the Western Hemisphere who will be born in the next decade and who will need special education. The personnel necessary to assess and instruct these children in Hispanic America will be in the thousands. They may not be available unless the Western Hemisphere responds in a united effort. The United States will be in a unique position because its Hispanic children will continue to grow in number and because its special education personnel will have a unique technical and professional preparation. Bilingual Special Education, in effect, will not only be necessary in the United States but also relevant for Hispanic America. As more and more Latin American countries encourage research and development in Special Education, transnational careers may well be a distinct possibility.

4

The editor of this text, Dr. Rogelio Diaz-Guerrero, is a perfect example of this "new" biculturalism in the service of children. More than any other Hispanic behavioral scientist, his work is exemplary in the investigation of American-Hispanic cultural differences.

We are grateful to Rogelio Díaz-Guerrero and Carmen Ruiz de Larramendi for their help. We thank Guadalupe and Roberto Cruz, and especially Josephine and Ignacio Ruiz for their encouragement and support during the completion of this project.

Richard A. Figueroa
Nadeen T. Ruiz
May, 1982

[1]Merani, Alberto L. 1976, *Diccionario de Psicología,* Ed. Grijalba, S.A. Mexico, D.F.

A

ABILITY TEST   **PRUEBA/TEST DE HABILIDAD**

Examen que trata de medir lo que una persona puede hacer.

_____

_____

_____

ABNORMAL   **ANORMAL**

Cuando algo no es común o no es igual a lo que otros hacen en las mismas situaciones; cuando algo es demasiado raro o demasiado diferente a como se porta la gente. Se usa también para indicar conducta enfermiza.

_____

_____

_____

ABOVE AVERAGE   **ARRIBA DEL PROMEDIO, SUPERIOR AL TERMINO MEDIO**

Mejor que la mayoría; adelantado; avanzado.

_____

_____

_____

ABSORBED IN   **(ESTAR) ABSORTO**

Cuando la persona se dedica por completo a una tarea o actividad sin fijarse en lo que le rodea.

_____

_____

_____

ABSTRACT REASONING   **RAZONAMIENTO ABSTRACTO**

Pensar sin tener que usar objetos concretos; pensar sin tener que usar cosas reales; solucionar problemas sólo con la mente.

_____

_____

_____

ACADEMIC

ACADEMICO

Lo que tiene que ver con lo que se enseña en la escuela.

_____

_____

_____

ACADEMIC
PROGRESS

PROGRESO ACADEMICO

Cómo va aprendiendo más y más un estudiante en la escuela.

_____

_____

_____

ACALCULIA

ACALCULIA

Cuando una persona pierde o no tiene la habilidad para usar números.

_____

_____

_____

ACCESSIBILITY

ACCESIBILIDAD

Facilidad o dificultad que un edificio le presenta a una persona incapacitada para poder entrar y movilizarse en ese edificio.

_____

_____

_____

ACCOMODATION

ACOMODACION

Cambios que la mente tiene que hacer para resolver un problema de algo nuevo o desconocido. La adaptación de la mente a las características de las cosas y las personas del mundo externo.

_____

_____

_____

ACHIEVEMENT **APROVECHAMIENTO, LOGRO, RENDIMIENTO**

Lo que se ha logrado, lo que se ha aprendido.

ACHIEVEMENT **NIVEL DE APROVECHAMIENTO ESCOLAR, NIVEL**
LEVEL **DE RENDIMIENTO, NIVEL DE PROGRESO ESCO-**
LAR, NIVEL DE DESARROLLO ESCOLAR

Nivel que el estudiante ha logrado en sus estudios. Muchas veces se habla de este nivel en términos de lo que se aprende en diferentes grados. Por ejemplo, una niña en el segundo grado puede estar al nivel de aprovechamiento del tercer grado en sus estudios.

ACHIEVEMENT/ **EXAMEN DE APROVECHAMIENTO ESCOLAR/**
SCHOOL **RENDIMIENTO ESCOLAR/ LOGRO ESCOLAR**
ACHIEVEMENT
TEST Examen que mide lo que se ha aprendido en la escuela.

ACOUSTICALLY **DISHABILITADO ACUSTICAMENTE**
HANDICAPPED
Persona que tiene serios problemas con oír.

ACQUIRED **HABILIDAD ADQUIRIDA**
ABILITY
Lo que el estudiante logra aprender o hacer a base de mucha experiencia y repetición.

ACTIVITIES OF DAILY LIVING

ACTIVIDADES COTIDIANAS

Cosas básicas que una persona tiene que hacer para vivir sin la ayuda de nadie, por ejemplo: vestirse, comer, preparar la comida, lavarse, etc.

ADAPTED VOCATIONAL PROGRAM

PROGRAMA VOCACIONAL ADAPTADO

Programa especial para enseñarle cómo trabajar a una persona con dishabilidades.

ADAPTIVE BEHAVIOR

CONDUCTA ADAPTATIVA

La habilidad de un estudiante de hacerse más y más independiente cada año, y de llevarse bien con otras personas. Actuar de manera ajustada a la realidad.

ADAPTIVE PHYSICAL EDUCATION

EDUCACION FISICA ADAPTATIVA

Clase que se la da a los estudiantes que necesitan ayuda para usar y hacer funcionar mejor sus músculos y sus cuerpos.

ADDITON (SPEECH THERAPY)

ADICION

Cuando el estudiante añade un sonido que no debe estar en la palabra. Por ejemplo, dice *palanta* en vez de *planta*.

9

ADJUSTMENTS;
ADJUST

AJUSTES; AJUSTARSE, ADAPTARSE

Cuando una persona puede cambiar su manera de ser según lo que los otros esperan.

ADOLESCENCE

ADOLESCENCIA

La edad más o menos entre 12 y 18 años en la cual los jóvenes se hacen adultos.

ADOPTIVE HOME;
ADOPTED

CASA ADOPTIVA; ADOPTADO

Casa o familia que legalmente se hace responsable por un niño como si fuera su propio hijo.

ADULTHOOD

ADULTEZ

La edad en que una persona es legalmente independiente, y no necesita permiso de sus padres. En muchos estados de los Estados Unidos esta edad es 21 años.

ADVENTITIOUSLY
DEAF

SORDO ADVENTICIO

Cuando la persona pierde su habilidad de oír después de haber nacido.

10

ADVISE; ADVICE; ADVISOR **ASESORAR, DAR CONSEJO, ACONSEJAR; CONSE JO; ACONSEJADOR, CONSEJERO**

Dar consejo, dar opinión; dar ayuda, orientar.

ADVISORY COMMITTEE **COMITE CONSULTIVO, COMITE CONSEJERO**

Muchos distritos escolares y estados de los Estados Unidos tienen un grupo de personas que ayudan a dirigir la educación especial de su área. Este comité debería incluir a gente hispana y gente con incapacidades, o padres que tienen niños con incapacidades.

ADVOCACY **DEFENSA, PROMOCION (DE UNA CAUSA)**

Cuando una persona o un grupo de personas ayudan a defender los derechos de un niño incapacitado, o los derechos de sus padres.

AFFECTIVE DOMAIN **DOMINIO AFECTIVO**

Todo lo que tiene que ver con las emociones y los sentimientos.

AFFECTIVE LEVEL **NIVEL DE AFECTIVIDAD, NIVEL EMOCIONAL**

La cantidad y calidad de emoción que demuestra el niño.

11

AGE ADEQUATE · ADECUADO PARA LA EDAD, APROPIADO PARA LA EDAD

Cuando el niño actúa como los otros niños de su edad; cuando las cosas o enseñanzas que se usan en la clase son buenas para niños de cierta edad.

AGE EQUIVALENT · EQUIVALENTE DE EDAD

Igual a lo que los estudiantes en cierto grado pueden hacer.

AGE EQUIVALENT SCORES · PUNTUACIONES DE EDAD, CALIFICACIONES QUE CORRESPONDEN A EDADES ESPECIFICAS

Cuando las notas de un examen se expresan en años de edad. Por ejemplo, una niña de 5 años saca notas que sacarían niños de 7 años. Entonces se dice que esta niña funciona igual que el niño de siete años.

AGE NORMS · NORMAS DE EDAD

Se les da un examen a un grupo de estudiantes de la misma edad. Esta información se usa para ver si las notas de un niño son más altas o más bajas que las de los demás de su edad.

AGE RANGE · RANGO DE EDAD

Desde la edad más baja hasta la edad más alta de un grupo de estudiantes. En los exámenes, desde la pregunta más fácil hasta la pregunta más difícil para cierta edad.

AGGRESSIVE; AGGRESSION	**AGRESIVO; AGRESIVIDAD (VERBAL O FISICA)** Persona que provoca o ataca, o que tiene tendencia a ponerse contra la gente. También una persona que persigue lo que quiere con mucha insistencia.
AGNOSIA	**AGNOSIA** Cuando una persona no conoce lo que siente. Incapacidad de identificar las sensaciones.
AGRAPHIA	**AGRAFIA, INHABILIDAD DE ESCRIBIR** Cuando a un estudiante se le hace imposible escribir.
ALERTNESS TO DETAILS	**ALERTA PARA LOS DETALLES** Poner atención a todo, hasta lo más pequeño.
ALEXIA	**ALEXIA** Cuando a una persona se le hace imposible leer.
ALTERNATE FORM	**FORMA ALTERNATIVA, FORMA EQUIVALENTE** Muchos exámenes tienen dos o más presentaciones (copias). Aunque las preguntas son diferentes, las formas son parecidas, o mejor dicho, miden las mismas cosas.

13

ALTERNATIVE SCHOOL

ESCUELA ALTERNATIVA

Escuela secundaria para estudiantes que tienen necesidades especiales. Las clases son muy diferentes a las clases típicas porque se organizan según los problemas de los estudiantes.

AMBIDEXTROUS

AMBIDEXTRO

Persona que usa las dos manos con la misma facilidad.

AMNIOCENTESIS

AMNIOCENTESIS

Examen médico por el cual se puede ver si el niño que la madre lleva en su vientre va a nacer con una enfermedad grave que puede causar retardo mental.

ANALYSIS

ANALISIS

Cuando se examina algo correctamente y con mucho cuidado, parte por parte.

ANECDOTAL OBSERVATIONS

OBSERVACIONES ANECDOTICAS

Cuando se necesita saber algo del comportamiento de un estudiante, a veces un profesional (por ejemplo, un maestro o una psicóloga) mira al niño con mucho cuidado por cierto periodo de tiempo. Cada vez que lo mira, el profesional escribe un reporte sobre cómo se porta el niño, muchas veces comparándolo con los demás. Este tipo de reporte se llama *observación anecdótica*.

14

ANECDOTAL RECORD

REGISTRO ANECDOTICO

En muchos distritos escolares las maestras escriben sus impresiones sobre cada niño. Estos reportes se guardan junto con el resto de la información acerca de cada estudiante. Los padres tienen derecho de leer todo lo que se ha escrito sobre su hijo.

_____

_____

_____

ANNUAL GOALS

METAS DE UN AÑO, METAS ANUALES

Lo que se espera que el niño logrará hacer en un año.

_____

_____

_____

ANNUAL REVIEW

REVISION ANUAL

Cuando se mira el plan educativo del niño y se hacen los cambios necesarios.

_____

_____

_____

ANTISOCIAL BEHAVIOR

CONDUCTA ANTISOCIAL

Cuando una persona trata mal a la gente; cuando la conducta es en contra de la gente.

_____

_____

_____

ANXIETY LEVEL

NIVEL DE ANSIEDAD

Punto en el cual se pone nerviosa una persona. Lo que es necesario para poner a una persona nerviosa.

_____

_____

_____

ANXIETY-
PRODUCING
SITUATIONS

SITUACIONES PRODUCTORAS DE ANSIEDAD

Situaciones que causan que un estudiante se ponga nervioso.

_____

_____

_____

APATHY

APATIA

Falta de energía o interés para todo.

_____

_____

_____

APHASIA

AFASIA

Pérdida de la habilidad para usar palabras; cuando una persona no puede usar palabras.

_____

_____

_____

APPEAL

APELAR; APELACION

Cuando un padre de familia y el distrito escolar, después de muchas pláticas; no se pueden poner de acuerdo, el padre o la madre pide a otra autoridad que resuelva el problema.

_____

_____

_____

APPROPRIATE
LEVELS

NIVELES APROPIADOS

Lo que corresponde a la edad o a lo que puede hacer el estudiante.

_____

_____

_____

APPROPRIATE PLACEMENT

COLOCACION APROPIADA

El mejor programa de educación para las necesidades de un estudiante.

_____

_____

_____

APPROVAL

APROBACION

Permiso para hacer algo. Estar de acuerdo con que se haga algo.

_____

_____

_____

APRAXIA

APRAXIA

No poder hacer movimientos complicados.

_____

_____

_____

APTITUDE

APTITUD

Habilidad para hacer alguna cosa, por ejemplo, aprender idiomas, matemáticas, tocar música, etc.

_____

_____

_____

APTITUDE TEST

EXAMEN DE APTITUD

Tipo de examen que trata de ver si una persona tiene habilidad para hacer cierta cosa. Por ejemplo, hay un examen que mide la habilidad de un niño para reconocer ciertos sonidos. Se dice que los niños que sacan buenas notas en este examen tienen talento para ser buenos músicos.

_____

_____

_____

ARCHITECTURAL BARRIERS

BARRERAS ARQUITECTONICAS

Manera como están hechos ciertos edificios que les hacen difícil la entrada a los incapacitados físicos. Por ejemplo, cuando una persona que tiene que usar una silla de ruedas no puede entrar a un edificio porque hay muchos escalones (gradas) o puertas demasiado angostas.

ARITHMETIC MEAN

MEDIA ARITMETICA, PROMEDIO ARITMETICO

Cuando hay una serie de puntaciones el promedio se obtiene sumando las puntaciones, y luego dividiendo la suma entre el número de puntuaciones. El promedio de la serie 2, 9, 3 y 6, es 20 dividido entre 4, resulta 5. (Véase AVERAGE).

ARTHRITIS

ARTRITIS

Enfermedad que ataca los lugares donde los huesos se conectan (como el codo, la rodilla, etc.). Estas partes del cuerpo se hinchan y duelen mucho. Puede ser muy muy seria.

ARTICULATION

ARTICULACION

Usar la lengua, los dientes y otras partes de la boca al hablar para producir los sonidos de las palabras.

ARTICULATION ERRORS

ERRORES DE ARTICULACION

Errores al hacer los sonidos de las palabras.

18

ASPHYXIA ASFIXIA

Cuando se le corta el aire a una persona y se desmaya por eso.

_____

_____

_____

**ASPIRATION
LEVEL** NIVEL DE ASPIRACION

Lo que una persona quiere lograr o realizar.

_____

_____

_____

ASSAULTIVE ASALTANTE, ASALTAR

Persona que tiene tendencia a atacar a otros.

_____

_____

ASSESSMENT EVALUACION

Cuando se hace un estudio de las habilidades de un estudiante. Puede incluir exámenes que se le dan al estudiante, observaciones del estudiante, y entrevistas con personas que lo conocen.

_____

_____

_____

**ASSESSMENT
PLAN** PLAN DE EVALUACION

Cuando se va a examinar a un niño que ha sido referido para educación especial, las personas que lo van a evaluar tienen que decidir qué exámenes y técnicas se le aplicarán. Estas personas de la escuela tienen que informar a los padres acerca de los exámenes y técnicas que se van a usar, o sea, tienen que informarles del _plan de evaluación_.

_____

_____

_____

ASSIMILATION (PIAGET)

ASIMILACION

Cuando un niño entiende una cosa nueva porque ya sabe cosas parecidas.

_____

_____

_____

ASSOCIATION

ASOCIACION

Conección mental entre varias cosas. Cuando uno se acuerda de algo, como su familia, y también se acuerda de otras cosas relacionadas como la casa en donde viven. En la escuela, a veces se aprende por medio de _asociación;_ por ejemplo, cuando el estudiante se acuerda de "a", "b", "c", etc.,y así aprende todo el abecedario.

_____

_____

_____

ASSOCIATIVE ABILITY

HABILIDAD ASOCIATIVA

Habilidad para hacer conecciones mentales. (Véase ASSO-CIATION)

_____

_____

_____

ASSOCIATIVE MEMORY

MEMORIA DE ASOCIACION, MEMORIA ASOCIATIVA

Habilidad para recordar cosas que van conectadas, asociadas. (Véase ASSOCIATION)

_____

_____

_____

ASSUME RESPONSIBILITY

ASUMIR RESPONSABILIDAD

Cuando una persona hace lo que debe de hacer sin que le mande otra persona. Por ejemplo, cuando el niño hace las tareas de la escuela sin ser mandado por otra persona.

_____

_____

_____

ASTHMA

ASMA

Enfermedad que ataca de repente y que hace que la persona se sienta como si no pudiera respirar, como si estuviera ahogándose porque no le entra suficiente aire.

ATAXIA

ATAXIA

No poder moverse en una manera coordinada; confusión de los movimientos.

ATHETOSIS

ATETOSIS

Grave enfermedad del cerebro (la cabeza) que hace que el cuerpo de una persona se mueva sin querer y que la cara haga muecas. Es un tipo de parálisis cerebral.

ATTENDANCE

ASISTENCIA

La regularidad con que un niño va a la escuela.

ATTENTION;
ATTENTION SPAN

ATENCION A LAS TAREAS; PERIODO DE ATENCION

El tiempo que un niño presta atención a alguna cosa. A ciertos niños se les hace difícil poner atención hasta por corto tiempo a ciertas tareas. Tienen problemas para poner atención y no necesariamente para poder aprender.

ATTITUDE	**ACTITUD**

Opinion fuerte. Todo lo que uno siente y piensa acerca de una cosa. Las actitudes de una persona guían cómo esa persona se va a portar.

ATTITUDE TESTS	**PRUEBAS DE ACTITUDES**

Exámenes que miden las opiniones. (Véase ATTITUDE)

ATTRACTION	**ATRACCION**

Inclinación de la persona hacia una cosa que le gusta, por ejemplo, a un niño le gusta el dibujo, y por eso siente *atracción* por ello.

AUDIO	**AUDIO**

Lo que se oye.

AUDIOGRAM	**AUDIOGRAMA**

Dibujo que demuestra lo bien o lo mal que puede oír una persona.

AUDIOLOGIST	**AUDIOLOGO**

Experto que sabe mucho de los trastornos del oído. Puede medir la capacidad para oír y dar un tratamiento si es necesario.

AUDIOMETER　　**AUDIOMETRO**

Máquina que se usa para medir la habilidad de oír

AUDITORY ACUITY　　**AGUDEZA AUDITIVA**

Qué tan bien puede uno oír.

AUDITORY ASSOCIATION　　**ASOCIACION AUDITIVA**

Cuando uno conecta dos (o más) cosas por medio de lo que se oye. Por ejemplo, cuando uno oye el principio de una canción, se acuerda de toda la música de esa canción.

AUDITORY BLENDING　　**COMBINACION AUDITIVA**

Habilidad de conectar sonidos de tal manera que uno entienda lo oído. Por ejemplo, cuando uno oye *ca* y *sa*, y se unen los dos sonidos, se oye la palabra *casa*.

AUDITORY DISCRIMINATION　　**DISCRIMINACION AUDITIVA**

Habilidad de oír diferentes partes de una palabra o una frase. Por ejemplo, cuando uno oye las palabras "mesa" y "masa," se da cuenta de que son dos palabras diferentes.

AUDITORY LEARNER

NIÑO QUE APRENDE POR AUDICION

Estudiantes que aprenden sus materias mejor cuando se les *dice* la materia en vez de hacerlos leerla. Ciertos niños, por ejemplo, recuerdan lo que oyen con mucha más facilidad de lo que ven o leen.

AUDITORY MEMORY

MEMORIA AUDITIVA

Habilidad de recordar diferentes sonidos, de recordar lo que se oye. Por ejemplo, cuando se le dice a un niño que vaya y cierre la puerta y que abra la ventana y regrese, el niño se acuerda de todas las instrucciones.

AUDITORY PERCEPTION

PERCEPCION AUDITIVA

Habilidad de entender lo que se oye.

AUDITORY PROCESSING

PROCESAMIENTO AUDITIVO, PROCESAR LO QUE SE OYE

La manera como un niño entiende lo que oye.

AUDITORY RECALL

MEMORIA AUDITIVA

Habilidad de recordar lo que se oye. Por ejemplo, en la escuela los niños muchas veces tienen que repetir lo que dice la maestra.

AUDITORY RECEPTION

RECEPCION AUDITIVA

Habilidad de oír y entender lo oído.

AUDITORY SEQUENCING

ORDENAMIENTO AUDITIVO

Oír lo dicho en el orden presentado.

_____

_____

_____

AUDITORY SEQUENTIAL MEMORY

MEMORIA DE ORDENAMIENTO AUDITIVO

Recordar lo dicho en el orden presentado. Por ejemplo, se le dicen a un niño los números "3, 8, 5" y el niño puede acordarse de los números en el ordenen que se dieron.

_____

_____

_____

AUDITORY TRAINING

ENTRENAMIENTO DE AUDICION

Cuando se les enseña a las personas que oyen poco a usar mejor toda la habilidad de oir que les queda.

_____

_____

_____

AURAL REHABILITATION

REHABILITACION AURICULAR/AUDITIVA

Tratamiento para personas que no oyen bien. Esto incluye entrenamiento en leer los movimientos de los labios de otra persona, usar una máquina pequeña que se conecta al oído y que hace los sonidos más fuertes, etc.

_____

_____

_____

AUTHORITY

AUTORIDAD

Persona o grupo de personas que mandan, que hacen las reglas.

_____

_____

_____

AUTISTIC

AUTISTICO

Niño que tiene autismo. (Véase AUTISM)

_____

_____

_____

AUTISM

AUTISMO

Grave desorden en la manera como se porta un niño. En casi todos los casos se pierde la habilidad de hablar y de relacionarse con otros. Muchas veces estos niños se causan daño a sí mismos: se muerden, se golpean la cabeza contra la pared, etc. (Estos niños pueden tener inteligencia normal o superior a la normal.)

AUTONOMOUS BEHAVIOR

CONDUCTA AUTONOMA

Lo que el niño hace por sí mismo.

AVERAGE

PROMEDIO

Lo que es más común; lo que es normal para la gente; el punto medio.

AVERAGE SCORE

PUNTAJE PROMEDIO, PUNTUACION DE PROMEDIO

Cuando hay varias notas de una persona o más, a veces uno quiere saber cúal es la nota que queda en medio. Esta nota es la *puntuación promedio.*

AVERSION

AVERSION

Sentir odio o asco.

AVERSIVE STIMULUS

ESTIMULO AVERSIVO

Algo que cause dolor o disgusto, y que puede hacer que la persona deje de portarse de cierta manera.

_____ _____
_____ _____
_____ _____

AVOIDANCE BEHAVIOR

CONDUCTA EVASORA

Cuando la persona hace todo lo posible para evitar cierta situación que no le gusta.

_____ _____
_____ _____
_____ _____

B

BACKGROUND

ANTECEDENTES, EXPERIENCIA

Todo lo que le ha pasado a una persona: todas las experiencias, todo lo aprendido, todo lo conocido, etc.

BALANCE

BALANCE; BALANCEAR

En el sentido físico, esto quiere decir no caerse facilmente. Cuando se habla de una persona, quiere decirse que la persona no hace cosas extremas o exageradas (es muy normal, equilibrada).

BASAL

BASICO

Algo que se usa como un principio.

BASAL AGE

EDAD BASE, EDAD BASAL, EDAD BASICA

Ciertos exámenes tienen preguntas para niños de diferentes edades. La edad base es el punto en el examen en donde el niño contesta bien todas las preguntas. Por ejemplo, un niño de seis años no puede contestar todas las preguntas de su edad, pero sí puede contestar todas las preguntas de los de cinco años. Su *edad base* entonces es de cinco años.

BASAL READER

LIBRO BASICO DE LECTURA

Uno de los primeros libros que se usan para enseñar a leer.

BASAL READER APPROACH

METODO DE ENSEÑAR A LEER USANDO LIBROS BASICOS.

Enseñarles a los niños a leer usando libros muy fáciles de leer.

BASELINE

LINEA DE BASE

Lo que puede hacer un estudiante o cómo funciona normalmente. Esto es su *línea-base*. Se usa esta información para ver los cambios que son causados por un programa de educación. Así se ve todo lo nuevo que se ha aprendido.

BASIC SKILLS

DESTREZAS BASICAS, MATERIAS BASICAS

Habilidades de un estudiante en las materias básicas: matemáticas, lectura y escritura.

BATTERY

BATERIA DE EXAMENES (PRUEBAS)

Varios exámenes que se usan para conocer mejor las habilidades y características de un niño.

BEHAVIOR DISORDER

DESORDER DE CONDUCTA

Cuando una persona se porta de una manera muy extraña o muy agresiva y lo hace con mucha frecuencia.

BEHAVIOR MODEL   **MODELO DE COMPORTAMIENTO**

Usar como ejemplo a una persona que se porta bien.

_____

_____

_____

BEHAVIOR
MODIFICATION

MODIFICACION DEL COMPORTAMIENTO

Plan para cambiar cómo se porta una persona. Se premia la conducta deseada; se castiga la conducta no deseada.

_____

_____

_____

BEHAVIOR
PROBLEMS

PROBLEMAS DEL COMPORTAMIENTO

Cuando un estudiante frecuentemente se porta mal; niño mal portado.

_____

_____

_____

BEHAVIOR
REPERTOIRE

REPERTORIO DE CONDUCTAS

Las diferentes maneras cómo un niño puede portarse en una situación.

_____

_____

_____

BEHAVIOR
TRAITS

RASGOS DE CONDUCTA

Características del comportamiento de una persona que son relativamente consistentes, que no cambian mucho.

_____

_____

_____

BEHAVIORAL
CHANGE

CAMBIO DE COMPORTAMIENTO

Cambio en la manera cómo se porta una persona.

_____

_____

_____

BEHAVIORAL DEVELOPMENT

DESARROLLO DE LA CONDUCTA

Como el niño, durante su crecimiento, va cambiando su manera de actuar.

_____

_____

_____

BEHAVIORAL MANAGEMENT

MANEJO DE LA CONDUCTA, DIRECCION DE LA CONDUCTA

Hacer que el niño haga lo que uno quiere, premiándolo cuando se porta bien, castigándolo o ignorándolo cuando se porta mal.

_____

_____

_____

BEHAVIORAL OBJECTIVES

OBJETIVOS DEL COMPORTAMIENTO

Muchas veces los niños no se portan bien en la escuela. La maestra y a veces los padres de familia hacen un plan para cambiar el comportamiento del niño. Cada cambio que esperan hacer se llama _objetivo de comportamiento_.

_____

_____

_____

BEHAVIORAL STRATEGY

ESTRATEGIA DEL MANEJO DE LA CONDUCTA

El plan para cambiar el comportamiento del niño.

_____

_____

_____

BEHIND

(ESTAR) ATRASADO EN LOS ESTUDIOS

_____

_____

_____

BELLIGERENT   **BELIGERANTE, AGRESIVO**

Persona que muchas veces se pone en contra de otras personas.

_____

_____

_____

BELOW AVERAGE   **DEBAJO DEL PROMEDIO**

Debajo del nivel de sus compañeros; atrasado.

_____

_____

_____

BELOW CHRONO-   **DEBAJO DE LA EDAD CRONOLOGICA**
LOGICAL AGE
Nivel más bajo que el de otros de su edad en los estudios o en habilidades.

_____

_____

_____

BIAS   **PREJUICIO**

Cuando algo no es justo. Por ejemplo, muchos exámenes de inteligencia no son justos cuando se usan con niños que hablan español. El examen está en inglés y no toma en cuenta la cultura o las experiencias del niño hispano. Por eso, los niños hispanos a veces sacan notas más bajas de las que pueden sacar. Se dice entonces que el examen es _prejuiciado_ o _discriminatorio_.

_____

_____

_____

BILINGUAL   **BILINGUE**

Alguien que habla dos idiomas muy bien.

_____

_____

_____

32

BIOCHEMICAL IMBALANCES

DESEQUILIBRIO BIOQUIMICO DEL CUERPO

A veces ocurren serios problemas emocionales cuando el cuerpo no funciona bien y no le da al cerebro (mente) lo necesario para funcionar bien.

_____

_____

_____

BIRTH

NACIMIENTO, PARTO

_____

_____

_____

BLENDS

MEZCLAS

Combinación de dos o más consonantes en una palabra, por ejemplo, la combinación de _tr_ en la palabra _tren_.

_____

_____

_____

BLIND

CIEGO

Alguien que no puede ver.

_____

_____

_____

BODY AWARENESS

CONOCIMIENTO DEL CUERPO

Cuando el niño conoce bien su cuerpo; cómo se mueve y lo que puede hacer.

_____

_____

_____

BODY CONCEPT

CONCEPTO DEL CUERPO

Idea que el niño tiene de su propio cuerpo.

_____

_____

_____

BODY IMAGE

IMAGEN DEL CUERPO

Lo que el niño cree acerca de cómo es su propio cuerpo.

_____

_____

_____

BORDERLINE

FRONTERIZO

Estar entre una cosa u otra, por ejemplo, cuando un niño es casi retardado, es decir, está entre el nivel normal y el nivel retardado.

_____

_____

_____

BRAILLE

BRAILLE, ESCRITURA EN RELIEVE PARA USO DE LOS CIEGOS

Manera de escribir que hace que las letras se puedan sentir con los dedos. Así las personas ciegas pueden leer.

_____

_____

_____

BRAIN

CEREBRO

Parte del cuerpo dentro de la cabeza que dirige todos los pensamientos, sentidos y movimientos de una persona. El cerebro (la mente) tiene millones de conecciones que guardan todo lo que sabemos.

_____

_____

_____

BRAIN DAMAGE

LESION CEREBRAL, HERIDA CEREBRAL, LESION NEUROLOGICA

Daño en la mente (el cerebro). Muchas veces cuando un niño tiene problemas en aprender o en moverse, se cree que es por daño en la mente (cerebro).

_____

_____

_____

BRAIN DYSFUNCTION

DISFUNCION CEREBRAL

Cuando el cerebro no trabaja bien y hace que la persona tenga problemas para aprender, pensar, moverse, o sentir.

_____

_____

_____

BREAKDOWN

COLAPSO

Cuando la presión de la vida es tan fuerte que quiebra a una persona.

_____

_____

_____

C

**CALM,
CALM DOWN**

CALMARSE

Ponerse más tranquilo.

_____

_____

_____

CAPABLE

(SER) CAPAZ

Tener mucha habilidad; poder hacer bien las cosas.

_____

_____

_____

CAPACITY

CAPACIDAD

Habilidad para hacer algo.

_____

_____

_____

**CAREER
EDUCATION**

EDUCACION VOCACIONAL

(Véase VOCATIONAL EDUCATION)

_____

_____

_____

**CAUSAL
RELATIONSHIP**

RELACION CAUSAL

Cuando algo hace que suceda otra cosa. Por ejemplo, si se tira una pelota hacia una ventana, la pelota causa que la ventana se rompa. La pelota tiene una _relación causal_ con la ventana rota. Cuando los niños son muy pequeños, no reconocen qué es lo que causa lo que ocurre. Mientras más crecen más pueden entender las causas de lo que sucede.

_____

_____

_____

CEILING

TOPE, TECHO, EXTREMO SUPERIOR

La parte más difícil de un examen. Por ejemplo, un examen que es muy fácil tiene un tope bajo; un examen que es muy difícil tiene un tope alto.

CEILING AGE

EDAD TOPE

Ciertos exámenes tienen preguntas para niños de diferentes edades. La edad tope es el punto en el examen donde el niño falla todas las preguntas. Por ejemplo, un niño de seis años contesta todas las preguntas del examen de 6, 7 y 8 años, pero falla todas las preguntas del examen de 9 años. La edad tope entonces es de 9.

CENTRAL NERVOUS SYSTEM

SISTEMA NERVIOSO CENTRAL

Casi todos los nervios que corren por el cuerpo y que llegan al cerebro. Por medio de estos nervios uno puede sentir y hacer que se mueva el cuerpo.

CENTRAL TENDENCY

TENDENCIA CENTRAL

Agrupamiento de resultados de un examen. Cuando se le da a un grupo de niños un examen las notas casi siempre se juntan en el centro alrededor del promedio.

CEPHALIC

CEFALICO

Lo que tiene que ver con la cabeza.

CEREBRAL DOMINANCE

DOMINANCIA CEREBRAL

El lado derecho de la mente dirige el lado izquierdo del cuerpo y también parece ser el lugar donde están las habilidades artísticas. El lado izquierdo de la mente dirige el lado derecho del cuerpo y también parece ser el lugar donde están las habilidades para pensar lógicamente. *Dominancia cerebral* es cuando un lado es más fuerte en dirigir el cuerpo o el pensamiento.

_____

_____

_____

CEREBRAL PALSY

PARALISIS CEREBRAL

Enfermedad de origen cerebral. Los niños que tienen parálisis cerebral tienen mucha dificultad en controlar sus movimientos.

_____

_____

_____

CHANGE IN PROGRAM

CAMBIO DE PROGRAMA

Cambio en el plan educativo del niño que los padres de familia tienen que aprobar (si están de acuerdo).

_____

_____

_____

CHILD ABUSE

ABUSO DE LOS NIÑOS

Hacerle daño físico o mental a un niño, ya sea por pegarle demasiado, por no darle ninguna atención, o por no cuidarlo.

_____

_____

_____

CHILD STUDY TEAM

EQUIPO PARA ESTUDIAR AL NIÑO

Cuando un niño tiene problemas de aprendizaje, este grupo de personas se junta para decidir qué exámenes o técnicas se le pueden dar al niño para ver qué es lo que le pasa. Después de estudiar al niño este equipo prepara un plan para mejor educar al niño.

_____

_____

_____

CHILDHOOD   **NIÑEZ**

Los años cuando un hijo está bajo el cuidado de sus padres;
los primeros años de la vida del niño.

_____

_____

_____

CHROMOSOME   **CROMOSOMA**

Parte pequeñísima del cuerpo que determina como será el
niño. Cuando esta parte falla, el niño puede salir retardado
mental.

_____

_____

_____

CHRONIC   **CRONICO**

Algo que dura mucho tiempo o que sucede muchas veces.

_____

_____

_____

CHRONOLOGICAL AGE   **EDAD CRONOLOGICA**

Los años y meses que ha cumplido un niño.

_____

_____

_____

CLASSIFY   **CLASIFICAR**

Juntar cosas, ideas, o personas similares.

_____

_____

_____

CLEFT LIP   **LABIO HENDIDO**

Cuando un niño nace con una cortada en el labio de arriba
que tiene que ser cerrada con una operación médica.

_____

_____

_____

CLEFT PALATE **FISURA DEL PALADAR, PALADAR FISURADO**

Ciertos niños nacen con un hoyo en el paladar, la parte de arriba de su boca.

CLINICAL TEACHING **ENSEÑANZA CLINICA**

Una manera de enseñar a un niño tomando en cuenta todo lo que necesita y enseñándole cuidadosamente a base de sus necesidades.

CLOSE CONTACT **CONTACTO ESTRECHO**

Tener contacto seguido (una buena comunicación) entre la familia, la escuela y el niño.

CLOSURE **CIERRE**

Habilidad de juntar algo que está separado y así lograr un mejor significado. Por ejemplo, si uno oye "ca" y después "sa", y puede juntar los dos sonidos para formar la palabra "casa."

CLUB **CLUB**

Grupo de niños en la escuela que se juntan por un interés común.

CLUMSY **FALTA DE DESTREZA**

No ser muy bien coordinado. Persona que se topa con todo. Le cuesta hacer las cosas.

CODE SWITCHING **CAMBIO DE CODIGO/IDIOMA**

Cuando una persona cambia de un idioma a otro mientras habla, por ejemplo, cuando un niño dice, "dame esa ruler." Para la mayoria de personas bilingües los *cambios de codigo* son muy normales.

_____

_____

_____

CODING, **CODIFICAR**
TO CODE

Cambiar de un sistema a otro. Por ejemplo, un estudiante aprende que cierto sonido pertenece a cierta letra y cuando la lee en una palabra, la puede pronunciar. (Lo ha cambiado de algo escrito a algo dicho.)

_____

_____

_____

COGNITION **COGNICION**

Habilidad de entender; inteligencia; la habilidad de pensar.

_____

_____

_____

COGNITIVE **DESARROLLO COGNOSCITIVO**
DEVELOPMENT

Desarrollo de la habilidad de entender; el desarrollo de la inteligencia.

_____

_____

_____

COGNITIVE **FUNCIONAMIENTO COGNOSCITIVO**
FUNCTIONING

. Cómo se usa la inteligencia.

_____

_____

_____

**COGNITIVE
STYLE**

ESTILO COGNOSCITIVO

Manera preferida en que un niño percibe, entiende o aprende.

_____

_____

_____

**COLOR
DISCRIMINATION**

CAPACIDAD DISCRIMINATIVA DE COLOR

Habilidad de ver las diferencias entre los colores.

_____

_____

_____

**COMMUNICATION
DEVELOPMENT**

DESARROLLO DE LA COMUNICACION

Desarrollo de la habilidad de hablar o comunicarse con la gente.

_____

_____

_____

**COMMUNICATION
DISORDERS**

DESORDENES DE LA COMUNICACION

Dificultades que ciertos niños tienen en comunicarse, o en hablar con otras personas.

_____

_____

_____

**COMMUNICATIVE
COMPETENCE**

HABILIDAD PARA COMUNICARSE, COMPETENCIA COMUNICATIVA

La habilidad de un individuo para hacer que otros lo entiendan y para entender lo que otros quieren decir.

_____

_____

_____

**COMMUNICATIVE
DISORDER**

DESORDEN/TRASTORNO COMUNICATIVO

Problema muy serio en hablar, oir, o entender lo que se dice.

_____

_____

_____

COMMUNICATIVE-LY HANDICAPPED

INCAPACITADO PARA LA COMUNICACION

Cuando una persona tiene problemas muy serios en hablar, oír, o entender lo que se le dice.

_____

_____

_____

COMPENSATORY

COMPENSATORIO

Ayuda extra para que el niño pueda aprender más o pueda aprender mejor.

_____

_____

_____

COMPETENT

COMPETENTE

Ser bueno en algo.

_____

_____

_____

COMPLETE ASSESSMENT

EVALUACION COMPLETA

Medir o examinar todo lo que puede hacer un niño. Conocimiento completo de sus caracteristicas y habilidades.

_____

_____

_____

COMPLEX COMMANDS

ORDENES COMPLEJAS

Muchas instrucciones; instrucciones difíciles; instrucciones complicadas.

_____

_____

_____

COMPREHENSION

COMPRENSION

Habilidad de entender.

_____

_____

_____

43

COMPREHENSIVE PLAN FOR SPECIAL EDUCATION

PLAN COMPRENSIVO DE EDUCACION ESPECIAL

Plan de un estado o de un distrito escolar en el que se escribe todo lo que se va a hacer para darles una educación gratis y adecuada a todos los niños con dishabilidades.

CONCENTRATION

CONCENTRACION

Habilidad de poner mucha atención a una sola tarea.

CONCEPT FORMATION

FORMACION DE CONCEPTOS

Cómo se hacen o nacen las ideas en las mentes de los niños.

CONCEPTUAL

CONCEPTUAL

Lo que tiene que ver con ideas.

CONCEPTUAL DISORDERS

DESORDENES CONCEPTUALES

Dificultades para pensar.

CONCEPTUAL STYLE

ESTILO CONCEPTUAL

La manera preferida como un niño piensa.

44

CONCRETE OPERATIONAL STAGE (PIAGET)

PERIODO DE OPERACIONES CONCRETAS

Habilidad mental que los niños normalmente logran entre los ocho y los trece años. Durante este tiempo reconocen que muchas cosas del mundo físico no cambian. Por ejemplo, reconocen que la misma cantidad de agua en dos vasos de distinto tamaño sigue siendo igual, aunque no lo parezca.

CONCRETE REASONING

RAZONAMIENTO CONCRETO

Pensar usando ejemplos o cosas verdaderas o reales.

CONDITIONING

CONDICIONAMIENTO

Manera de actuar que normalmente no ocurre hacia un objeto o hacia una situación; una reacción aprendida. Por ejemplo, los niños normalmente no les tienen miedo a los conejitos. Pero si un niño ve un conejito al mismo tiempo que oye un gran ruido que le asusta, ese niño les tendrá miedo a los conejitos. Ha aprendido, o más bien dicho, ha sido *acondicionado* a tenerles miedo.

CONDUCT DISORDER

DESORDEN DE CONDUCTA

Seria enfermedad emocional que hace que la persona se porte de una manera muy extraña en ciertas situaciones, por ejemplo, cuando un niño no se puede controlar sexualmente cuando está en público.

CONFIDENTIAL; CONFIDENTIALITY

CONFIDENCIAL; CONFIDENCIALIDAD

Guardar algo en secreto. Muchas veces cuando se está evaluando a un niño para la educación especial es necesario darles a las personas de la escuela información privada acerca de la familia. Los padres deben preguntar cuánta confidencialidad se va a mantener con esta información. Ciertas leyes les garantizan a los padres confidencialidad con la información de la familia y con las notas que saca el niño durante la evaluación.

CONGENITAL

CONGENITO

Algo que viene desde el nacimiento.

CONGENITALLY DEAF

SORDO CONGENITO

Sordo desde el nacimiento.

CONSENT

CONSENTIMIENTO

Permiso.

CONSENT AGREEMENT

ACUERDO DE CONSENTIMIENTO

Cuando personas que están en un proceso legal en una corte deciden arreglar sus diferencias afuera de la corte.

CONSERVATION (PIAGET)

CONSERVACION

Habilidad para reconocer que el peso, o la cantidad de algo no cambia simplemente por cambiar la forma. Por ejemplo, un niño puede *conservar* cuando reconoce que una libra de arroz en una olla no cambia de peso cuando se pone el mismo arróz en un plato.

CONSULT

CONSULTAR

Reunirse con otra persona para recibir o dar consejos; ayudarle para tomar una decisión.

CONSULTING TEACHER

MAESTRA DE CONSULTA

Maestra que da ayuda o informes.

CONTENT VALIDITY

VALIDEZ DE CONTENIDO

Cuando las preguntas de un examen miden lo que el examen debe medir. Por ejemplo, si el examen es de aritmética se dice que tiene *validéz de contenido* cuando las preguntas son acerca de la aritmética.

CONTINGENCY CONTRACTING

CONTRATO DE CONTINGENCIA

Un acuerdo entre la maestra y el niño en el que se nombra toda la conducta aceptable y no aceptable. Así sabe el niño cuando se está portando bien y cuando se está portando mal.

CONTINGENCY MANAGEMENT

MANEJO DE CONTIGENCIA

Dirigir la conducta de una persona por medio de premios o castigos.

_____

_____

_____

CONTINUUM

CONTINUO

Serie de posibilidades; una lista de cosas.

_____

_____

_____

CONTROL GROUP

GRUPO DE CONTROL

Cuando se hace un estudio se escoge a un grupo de niños al cual no se les hará nada. Este grupo se usa para comparar el grupo al que se le hace algo.

_____

_____

_____

CONVERTED SCORES

PUNTUACION CONVERTIDA

Nota o calificación que se escribe de una manera diferente.

_____

_____

_____

COOPERATIVE

COOPERACION

Llevarse bien con alguien en una tarea. Ayudarse mutuamente.

_____

_____

_____

COOPERATIVE; UNCOOPERATIVE

COOPERATIVO; NO COOPERATIVO

Niño que se lleva bien o no se lleva bien con alguien en una tarea.

_____

_____

_____

COOPERATIVE PROGRAM/PLAN

PROGRAMA/PLAN COOPERATIVO

Muchas veces un niño que necesita educación especial también necesita recibir instrucción en la clase regular. El plan cooperativo dice cómo la maestra de la clase regular y la de educación especial van a enseñarle al niño.

COORDINATION

COORDINACION

Habilidad de moverse con facilidad de hacer varios movimientos facilmente. Por ejemplo, bailar bien exige buena coordinación.

CORRELATION COEFFICIENT

COEFICIENTE DE CORRELACION

Número que dice lo parecido que son dos cosas o ideas.

COUNSEL; COUNSELING

ACONSEJAR; ASESORAMIENTO

Ayudarle a alguien a tomar una decisión, orientarlo.

COUNSELOR

CONSEJERO

Persona que sabe ayudarle a la gente con problemas emocionales y mentales. Los consejeros no son como doctores médicos. No dan soluciones ni medicina. Ayudan platicándole a la gente acerca de lo que les molesta o duele.

COUNSELING SERVICES

SERVICIOS DE CONSEJO

Ayuda especial que se les puede dar a los niños que tienen dishabilidades o a sus padres.

COURSE OF STUDY

CURSO DE ESTUDIO

Plan de instrucción.

COURT

TRIBUNAL

Parte del gobierno adonde la gente puede ir a resolver sus problemas con otra gente, o con el gobierno. Cuando un padre de familia no puede ponerse de acuerdo con la escuela acerca de la educación especial de su hijo, la ley le permite llevar su problema a los tribunales. Allí, con la ayuda de abogados que no cobran por su servicio, el padre de familia le puede pedir a un juez que decida quién tiene razón, él o la escuela.

CRAWL

GATEAR

Andar con las manos y las rodillas; lo que hacen los bebés antes de aprender a caminar de pié.

CREATIVE

CREATIVO

Persona que puede inventar cosas nuevas, ya sea con ideas o con las manos.

CRITERIA

CRITERIOS, NORMA PARA JUZGAR

Algo que se usa para decidir si se ha logrado una cosa.

CRITERION MEASURES

MEDICIONES DE CRITERIO

Examen que indica cuando un estudiante ha aprendido una lección. El estudiante tiene que sacar cierta nota en el examen (este es el criterio) antes de pasar a la próxima lección.

CRITERION REFERENCED TEST

EXAMEN REFERENTE A UN CRITERIO, EVALUACION CON REFERENCIA A UN CRITERIO

Examen que se le da a un niño para ver si ha aprondido cierta materia que se ha enseñado en la clase.

CROSS VALIDATION

VALIDACION CRUZADA

Para estar seguro de que las notas que saca una persona en un examen son verdaderas, se le da un examen diferente. Este segundo examen mide la misma cosa que el primero. Si la persona saca notas parecidas en el segundo examen, se ha hecho una *validación cruzada.*

CULTURE FAIR TESTS

EXAMENES CULTURALMENTE JUSTOS

Exámenes que son justos para todas las personas sin que importe su cultura o el lugar donde crecieron. Todos los que toman un examen así tienen la misma oportunidad de sacar notas altas, medianas, o bajas.

CULTURE FREE TEST

PRUEBAS LIBRES DE LA INFLUENCIA DE LA CULTURA

Exámenes que se pueden usar con todas las personas. Se dice que estos exámenes pueden medir habilidades con el mismo poder en todas partes del mundo. Estos exámenes todavía no existen porque personas de diferentes culturas aprenden cosas diferentes y cosas iguales. En ningún examen hasta ahora, se ha podido separar lo que es igual y lo que es diferente.

CULTURAL BACKGROUND

ANTECEDENTES CULTURALES

Cultura en que se cría el niño. Por ejemplo, ciertos niños vienen de la cultura mexicana, otros de la cultura americana, y otros de la mexicano-americana.

CULTURAL BIAS

PREJUICIO CULTURAL

Cuando la gente de una cultura juzga mal a la gente de otra cultura simplemente porque son diferentes. Muchos exámenes escolares juzgan mal o miden mal a niños de diferentes culturas. Por ejemplo, cuando ha un niño que ha crecido en El Salvador se le da un examen en donde se le preguntan cosas de los EE.UU., las notas que va a sacar el niño serán bajas. Esto es un ejemplo de un examen con prejuicio cultural.

CULTURAL OPPORTUNITIES

OPORTUNIDADES CULTURALES

Lo que la familia y la comunidad le ofrece al niño para que crezca con una variedad de experiencias. En la cultura mexicano-americana el lenguaje español es un ejemplo de una oportunidad cultural.

CULTURAL PATTERN

PATRON CULTURAL

La manera como se porta un grupo de personas de cierta cultura. Esta manera a veces es diferente de la de otro grupo cultural.

_____

_____

_____

CULTURAL VALUES

VALORES CULTURALES

Lo que la gente de una cultura cree que es importante y de valor.

_____

_____

_____

CUME (CUMULA-TIVE) FOLDER

REGISTRO ACUMULATIVO, ARCHIVO ACUMULA-TIVO

Cuaderno que se mantiene en la escuela con toda la información acerca de un estudiante.

_____

_____

_____

CURRICULUM

CURRICULO

Plan de lo que se enseña a los niños en diferentes grados.

_____

_____

_____

D

DAILY SCHEDULE   **HORARIO DEL DIA**

Lista de lo que va a pasar durante el día.

_____

_____

_____

DATA   **DATOS**

Información que se recoge acerca de una persona o una condición.

_____

_____

_____

DAYDREAMING;   **SOÑAR DESPIERTO**
TO DAYDREAM

Cuando el niño en vez de prestar atención a su tarea o a la maestra, se pone a pensar en otras cosas, como si estuviera soñando.

_____

_____

_____

DEAF   **SORDO**

Persona que no puede oír.

_____

_____

_____

DEAF-BLIND   **CIEGO-SORDO**

Personas que no pueden oír ni ver.

_____

_____

_____

DECODING; DECODE

DECODIFICAR

Cuando una persona entiende lo que se dice o lo que está escrito. Esto puede estar en números, símbolos, o en otro idioma.

DEDUCTIVE REASONING

RAZONAMIENTO DEDUCTIVO

En general, hay dos maneras como una persona puede aprender. Si se usa razonamiento deductivo, se presenta la lección por medio de principios o leyes y se demuestran estos con ejemplos. Cuando se quiere enseñar a los niños que las cosas de poco peso flotan y se quiere usar razonamiento deductivo, se les enseña primero la regla: "las cosas de poco peso flotan." Después se dan ejemplos de esta regla. Los niños que prefieren usar razonamiento deductivo aprenden mejor cuando la lección empieza con la regla o el principio.

DEFENSIVE BEHAVIOR

CONDUCTA DEFENSIVA

Cuando una persona se encuentra en una situación difícil y con su comportamiento trata de esconder lo que verdaderamente siente o como se quiere portar. Por ejemplo, un niño se porta muy mal porque trata de esconder su vergüenza de tener una manera muy extraña de hablar. El niño quisiera pedir ayuda, pero no puede, o no sabe hacerlo.

DEFICIT

DEFICIT

Lo que le falta a una persona.

DELAYED DEVELOPMENT

DESARROLLO ATRASADO

Cuando una persona no crece al mismo paso o ritmo que los demás.

DELAYED LANGUAGE

LENGUAJE ATRASADO

(Véase LANGUAGE DELAY)

DELUSIONS

ILUSIONES FALSAS

Cuando una persona está equivocada en lo que piensa, espera o quiere.

DEPRESSION

DEPRESION

Estar tan triste y decaído que uno no quiere hacer nada.

DEPTH PERCEPTION

PERCEPCION DE PROFUNDIDAD

Habilidad de ver distancias correctamente.

DERIVED SCORES

CALIFICACIONES DERIVADAS, PUNTUACIONES TRANSFORMADAS

Cuando se da un examen se pueden escribir las notas de diferentes maneras. Por ejemplo, se puede decir que un niño ha salido con notas del cuarto grado, o que sus notas son iguales a las que sacan niños de 9 años, o que sus notas son más altas que las de la mitad de todos sus compañeros. Todas estas diferentes maneras se pueden llamar *puntuaciones transformadas*.

DESCRIBE

DESCRIBIR

Decir cómo es una persona, una idea o una cosa.

DESIGN MEMORY   **MEMORIA DE DISEÑOS**

Habilidad de recordar dibujos. (Véase PERCEPTUAL MEMORY)

DESIGNATED INSTRUCTIONAL SERVICES (D.I.S.)   **SERVICIOS INSTRUCCIONALES DESIGNADOS**

Un estudiante dishabilitado muchas veces necesita ayuda con muchas cosas, por ejemplo, para leer, para moverse, para escribir. En cada una de estas cosas, necesita diferentes servicio oducacionales. Toda ésta ayuda especial se llama *servicios instruccionales designados*, y se anota en el programa de educación individualizado.

DESTRUCTIVE   **DESTRUCTIVO**

Persona que hace daño a las cosas o a las personas.

DETECT   **DETECTAR**

Poder ver, reconocer.

DEVELOPMENTAL AGE   **EDAD DE DESARROLLO**

La edad del niño no expresada en los años que realmente tiene, sino en el nivel que alcanza según crece. Por ejemplo, cuando un niño de un año puede hacer todo lo que hace un niño de dos años, se dice que este niño tiene la edad de desarrollo de dos años.

DEVELOPMENTAL DISABILITY

DISHABILIDAD DE DESARROLLO

Cuando un grave problema físico o mental hace que una persona no crezca de la misma manera que las otras. A esta persona se le necesita ayudar.

DEVELOPMENTAL HISTORY

HISTORIA DEL DESARROLLO

Historia de cuando el niño empezó a hacer diferentes cosas con su cuerpo, por ejemplo, cuando empezó a caminar, a sonreir, a hablar, etc.

DEVELOPMENTAL LAG/DELAY

RETRASO DEL DESARROLLO

Cuando un niño tarda más tiempo en crecer.

DEVELOPMENTAL LEVEL

NIVEL DE DESARROLLO

En ciertos puntos de su vida, los niños generalmente pueden hacer distintas cosas. El *nivel de desarrollo* nos dice si lo que el niño puede hacer ahora es igual a lo que pueden hacer los niños mayores o menores.

DEVIATIONS

DESVIACIONES

Lo que se aleja o es diferente de lo normal.

DEVIANT BEHAVIOR

CONDUCTA DESVIADORA

Conducta muy anormal, que no se tolera ni es aceptable.

DIABETES

DIABETES

Enfermedad por la cual el cuerpo no funciona bien y deja pasar azúcar a la sangre y la orina. Se puede controlar con dieta, inyecciones, o medicina. Si no se la controla, la persona puede enfermarse seriamente.

DIAGNOSIS

DIAGNOSIS

Cuando un experto examina cuidadosamente a una persona y nombra el problema, la enfermedad, o lo que no va bien.

DIAGNOSTIC—PRESCRIPTIVE TEACHING

ENSEÑANZA DIAGNOSTICA Y PRESCRIPTIVA

Manera de enseñar en la que primero uno trata de ver lo que necesita el niño. Luego se trata de ver lo que se debe hacer para que el niño pueda aprender mejor. Es un sistema de enseñanza que toma en cuenta las diferentes necesidades y características de cada niño al planear su educación.

DIAGNOSTIC TEST

TEST DE DIAGNOSTICO, EXAMEN DIAGNOSTICO

Un examen que trata de mostrar cuáles son las cosas específicas que una persona puede o no puede hacer. Por ejemplo, en un examen diagnóstico de lectura, se trata de ver con cuales de las habilidades que se usan para leer, la persona necesita ayuda y entrenamiento.

DIALECT

DIALECTO

La manera como un grupo usa un idioma. Por ejemplo, el español que se habla en la ciudad a veces es muy diferente al que se habla en el campo. Se puede decir que los dos tipos de español son dos *dialectos*.

**DIETETIC
TREATMENT**

TRATAMIENTO DIETETICO

Controlar lo que come la persona para mejorar su condición física, lo que puede hacer en la escuela, o cómo se porta.

**DIFFERENTIATED
SERVICES**

SERVICIOS DIFERENCIADOS

Servicios especiales para niños muy, muy inteligentes. Estos servicios tratan de mejorar aun más sus talentos individuales.

DIRECTIONALITY

DIRECCIONALIDAD

La habilidad de reconocer las diferentes direcciones: arriba/abajo, derecho/izquierda, adentro/afuera, etc.

DISABILITY

DISHABILIDAD, INCAPACIDAD

Cuando cierta parte o partes de una persona no funcionan bien.

**DISABLED
PERSONS**

PERSONAS DISHABILITADAS/INCAPACITADAS/MINUSVALIDAS

Personas con algún problema físico o mental. Esta condición generalmente necesita atención o educación especial.

DISADVANTAGED BACKGROUND

ANTECEDENTES DESVENTAJOSOS

Cuando un estudiante, en comparación con otros de su misma edad, ha tenido menos oportunidades de aprender porque su familia no tiene mucho dinero o recursos.

DISCIPLINE

DISCIPLINA; DISCIPLINAR

Controlar cómo se porta una persona

DISCOURAGED; EASILY DISCOURAGED

DESANIMADO; PERSONA QUE SE DESANIMA FACILMENTE

Cuando una persona no tiene ganas de seguir adelante porque ha fracasado demasiado, o ha tenido mucha dificultad con hacer algo..

DISCREPANCY

DISCREPANCIA

Resultado que no se esperaba. Por ejemplo, cuando un niño saca malas notas en la escuela pero saca muy buenas notas en un examen de inteligencia, hay una *discrepancia* entre lo que se esperaba y lo que realmente hizo en la escuela.

DISCRIMINATION

DISCRIMINACION

La habilidad para notar diferencias en lo que se está viendo, oyendo, sintiendo, saboreando, etc. Por ejemplo se dice que un niño no puede discriminar lo que ve cuando no se da cuenta de diferencias la forma de las cosas. (Una pelota y una caja, por ejemplo..)

**DISFLUENCY
(SPEECH THERAPY)**

DISFLUIDEZ

Problema en el ritmo del habla de una persona: por ejemplo, cuando una persona hace demasiado largo cierto sonido de una palabra, como "iiiiii-glesia," o cuando repite muchas veces el primer sonido de una palabra, como "p-p-p-p-pato." A estos tipos de problemas se les puede llamar *disfluideces*. Las disfluideces que tienen los niños muy pequeños (menor de los 5 años) son normales.

DISORDER

DESORDEN, DESVIACION, TRASTORNO

Algo que no está normal.

**DISORDERED SEN-
TENCES TEST**

EXAMEN DE FRASES DESORDENADAS

Cuando se han puesto las palabras de una frase en un orden incorrecto y se le pide a la persona que las arregle correctamente.

DISPROPORTION

DESPROPORCION

Cuando hay más o menos de lo que normalmente se espera.

**DISTORTION
(SPEECH THERAPY)**

DISTORSION

Cuando un niño no pronuncia bien un sonido.

DISTRACTION; DISTRACT; DISTRACTABILITY

DISTRACCION; DISTRAER; DISTRACTIBILIDAD

La tendencia en la persona de no prestar atención a la tarea, sino a otras cosas que le llaman la atención.

DOCUMENTATION

DOCUMENTACION

Todos los datos que se usan para tomar una decisión con respecto a la educación de un niño.

DOMINANCE

DOMINANCIA

Habilidad más desarrollada o más fuerte.

DOWN'S SYNDROME

SINDROME DE DOWN, MAL DE DOWN

A veces los niños nacen con esta enfermedad que trae retardo mental. Se ve en la cara que los ojos están como estirados, los labios gruesos, una boca demasiada pequeña para su lengua, etc.

DRUG THERAPY

TERAPIA DE MEDICINAS

Cuando se usan medicinas para curar o mejorar alguna dishabilidad o enfermedad.

DUE PROCESS

PROCEDIMIENTO DEBIDO

En general esto tiene que ver con dos derechos básicos de todos los ciudadanos: (1) el derecho de ser notificado cuando una agencia del gobierno va a hacer algo que le afecta a uno personalmente, y (2) el derecho de dar su opinión acerca de esto. En las escuelas, el *procedimiento debido* tiene que ver con el derecho de los padres de saber los pasos que la escuela debe tomar para cambiar el programa de su niño(a). También, tiene que ver con el derecho de los padres de participar en cada uno de estos pasos.

DYSFUNCTION

DISFUNCION

Algo que no marcha bien.

DYSGRAPHIA

DISGRAFIA

Problemas que unas personas tienen con escribir. En ciertos casos, no pueden aprender a escribir, o hacen las letras muy mal.

DYSPHASIA

DISFASIA

Dificultad con la habilidad para usar palabras.

DYSLEXIA

DISLEXIA; NIÑO DISLEXICO

Personas de inteligencia normal a las cuales se les hace difícil aprender bien a leer y escribir.

E

**EARLY CHILD-
HOOD EDUCATION**

EDUCACION PREESCOLAR

Escuela para niños de 0 a 8 años de edad, en la cual se les prepara para ir a la escuela primaria.

**EARLY
INTERVENTION**

INTERVENCION TEMPRANA

Para niños que tienen problemas en la escuela, mientras más temprano se descubre una dishabilidad y se le trata, más rápidamente puede mejorar el niño.

**EARLY INTERVEN-
TION PROGRAM**

PROGRAMA DE INTERVENCION TEMPRANA

Programa de educación para niños que necesitan bastante ayuda en una edad temprana.

**ECOLOGICAL
ASSESSMENT**

EVALUACION ECOLOGICA

Medir todo lo que influye a una persona. Tomar en cuenta la influencia del ambiente. Por ejemplo, muchas veces es necesario saber qué idioma usa el niño en la clase, en el patio de recreo, en su casa, en su vecindario, etc.

**EDUCABLE MEN-
TAL RETARDA-
TION; EDUCABLE
MENTALLY
RETARDED**

RETARDO MENTAL EDUCABLE; RETARDADO MEN-TAL EDUCABLE

Niño retardado que puede aprender materias escolares. Cuando crezca podrá tener bastante independencia.

EDUCATIONAL AGE

EDAD EDUCACIONAL

Los grados que ha completado el niño en la escuela.

_____

_____

_____

EDUCATIONAL ASSESSMENT SERVICE

SERVICIO DE EVALUACION EDUCATIVA

En California, esto se refiere a las personas de las oficinas del distrito escolar que van a las escuelas para dar exámenes a los niños que tienen problemas al aprender y para colocarlos en programas de educación especial.

_____

_____

_____

EDUCATIONAL PLACEMENT

COLOCACION EDUCATIVA

Programa o servicios especiales que se decide que un niño necesita.

_____

_____

_____

EDUCATIONAL PSYCHOLOGY

PSICOLOGIA EDUCACIONAL/EDUCATIVA

El estudio de cómo aprenden las personas, especialmente en las escuelas.

_____

_____

_____

EDUCATIONALLY HANDICAPPED

DISHABILITADO EDUCACIONALMENTE

Estudiante que tiene problemas muy serios para aprender.

_____

_____

_____

EGOCENTRISM (PIAGET)

EGOCENTRISMO

Antes de los 8 años los niños generalmente no pueden ver o sentir las cosas desde el punto de vista de otros. A esto se le llama _egocentrismo_.

_____

_____

ELECTROENCE-PHALOGRAPH/EEG

ELECTROENCEFALOGRAMA

El cerebro (la mente), cuando está trabajando (pensando, sintiendo, dándole órdenes al cuerpo) deja pasar unas pequeñas corrientes eléctricas. El *electroencefalograma* mide estas corrientes y muestra cuando el cerebro no está trabajando bien.

_____

_____

_____

EMOTIONAL ADJUSTMENT

AJUSTE EMOCIONAL

Cuando la persona aprende a manejar sus emociones en una situación que antes le era difícil.

_____

_____

_____

EMOTIONAL DEVELOPMENT

DESARROLLO EMOCIONAL

La manera como las emociones de un niño crecen y maduran.

_____

_____

_____

EMOTIONAL DISORDERS

DESORDENES EMOCIONALES, DESVIACIONES EMOCIONALES

Condición emocional bastante permanente por la cual la persona no puede controlarse; a veces la persona muestra demasiada emoción o al revés, muy poca o casi nada de emoción.

_____

_____

_____

EMOTIONAL INDICATORS

INDICADORES EMOCIONALES

Diferentes cosas que se ven en los dibujos de niños que muchas veces indican problemas emocionales, por ejemplo, cuando un niño hace un dibujo de una persona y el dibujo es de una persona triste o bastante enojada. También diferentes conductas pueden indicar problemas emocionales, por ejemplo, cuando un niño se muerde las uñas frecuentemente.

_____

_____

_____

67

EMOTIONAL INSTABILITY

INESTABILIDAD EMOCIONAL

Cuando las emociones de una persona cambian mucho y a veces sin razón.

_____

_____

_____

EMOTIONAL OVERLAY

INFLUENCIA EMOCIONAL

Cuando las emociones de una persona le afectan mucho en lo que hace.

_____

_____

_____

EMOTIONAL STABILITY

ESTABILIDAD EMOCIONAL

Cuando la persona está a gusto con sus emociones y sabe manejarlas bien.

_____

_____

_____

EMOTIONALLY DISTURBED; EMOTIONAL DISTURBANCE

EMOCIONALMENTE DESVIADO; DESVIACION EMOCIONAL

Persona que la mayor parte del tiempo no tiene control sobre sus emociones.

_____

_____

_____

ENRICHING EXPERIENCES

EXPERIENCIAS ENRIQUECEDORAS

Experiencias que le enseñan mucho a la persona.

_____

_____

_____

ENROLL

MATRICULAR, INGRESAR, REGISTRAR

Llenar las formas para que un niño entre a la escuela.

_____

_____

_____

ENVIRONMENT

AMBIENTE, MEDIO

Lo que rodea a la persona y que le ofrece distintas experiencias. Por ejemplo, el ambiente del campo le da un tipo de experiencias al niño; el ambiente de la ciudad le da otro tipo de experiencias.

_____

_____

_____

ENVIRONMENTAL CONTROL

CONTROL DE AMBIENTE

Cuando las experiencias de un niño son controladas para que se porte de cierta manera; dirigir u ordenar el ambiente que rodea al niño.

_____

_____

_____

EPILEPSY

EPILEPSIA

Pérdida de control muscular que a veces ataca a la persona inesperadamente. Puede hacer perder la conciencia y sufrir contracciones en todo el cuerpo.

_____

_____

_____

EQUILIBRIUM

EQUILIBRIO

Balance.

_____

_____

_____

ERROR IN INTERPRETATION

ERROR DE INTERPRETACION

Manera incorrecta de ver lo que hace una persona. Por ejemplo, un niño de Puerto Rico no habla en la escuela. La maestra cree que es porque no es muy inteligente, cuando en realidad el niño habla español y no inglés. Esto es un _error de interpretación_.

_____

_____

_____

ERROR OF MEASUREMENT

ERROR DE MEDICION

Cuando hay errores en un examen y las notas salen bajas por eso, no por culpa de la persona. Por ejemplo, una pregunta puede estar mal escrita y la persona no la entiende. Esto es parte del *error de medición*.

ETHNIC BACKGROUND

ANTECEDENTE ETNICO

Ambiente cultural donde se crió la persona. Por ejemplo, diferentes personas hispanas vienen de diferentes ambientes culturales, como cubanos, puertorriqueños, nicaragüenses, etc.

EVALUATION

EVALUACION

Mirar o estudiar cuidadosamente lo que una persona puede hacer o lo que un programa educacional ha logrado.

EXCEPTIONAL CHILDREN

NIÑOS EXCEPCIONALES

Niños con necesidades especiales.

EXCEPTIONALITY

EXCEPCIONALIDAD

Condición no muy común que tiene una persona. Puede ser una dishabilidad o un talento muy único.

EXOGENOUS

EXOGENO

Cuando una enfermedad o dishabilidad es causada por algo en el ambiente se dice que tiene origen *exógeno*. Por ejemplo, cuando una persona recibe un golpe muy duro detrás de la cabeza y se vuelve ciego.

EXPERIMENTAL GROUP

GRUPO EXPERIMENTAL

Cuando uno quiere saber si algún programa o tratamiento especial da buenos resultados se le da ese programa a un grupo y no a otro. El grupo que recibe el tratamiento especial es el *grupo experimental*.

EXPRESSIVE LANGUAGE

LENGUAJE EXPRESIVO

La manera como una persona hace que otros le entiendan. El lenguaje expresivo incluye el hablar, escribir, hacer señas, gestos—todo lo que comunica lo que uno quiere decir.

EXPRESSIVE LANGUAGE SKILLS

HABILIDAD DE LENGUAJE EXPRESIVO

Habilidad de una persona para usar el idioma. Ciertos niños tienen gran dificultad para decir lo que quieren. Su habilidad de lenguaje expresivo es baja.

EXPRESSIVE VOCABULARY

VOCABULARIO EXPRESIVO

Palabras que usa una persona cuando habla.

EXTENDED SERVICES

SERVICIOS EXTENDIDOS

Ayuda especial que se le da a un estudiante cuando normalmente hay vacaciones, o que se le da además de lo que normalmente se ofrece en la escuela.

_____

_____

_____

EXTRINSIC

EXTRINSECO

Cosas que vienen de afuera.

_____

_____

_____

EYE FIXTATION

FIJACION OCULAR

La habilidad de una persona para fijar bien los ojos en las cosas.

_____

_____

_____

EYE-HAND COORDINATION

COORDINACION VISOMANUAL, COORDINACION MANUAL Y VISUAL

La habilidad de dirigir las manos según lo que uno está viendo. Por ejemplo, cuando un niño tiene que copiar un dibujo, sus ojos dirigen cómo debe hacer las líneas.

_____

_____

_____

F

FACE VALIDITY **VALIDEZ NOMINAL**

Cuando las preguntas de un examen parecen medir lo que el examen debe medir. Por ejemplo, si el examen es de aritmética se dice que tiene *validez nominal* cuando las preguntas son acerca de la aritmética.

FAIR **JUSTO**

Algo es justo cuando nadie recibe favores especiales; cuando se trata a todos igualmente; o cuando las mismas reglas se aplican a todos.

FAIR EVALUATION **EVALUACION JUSTA**

Cuando se cree que un niño necesita educación especial es necesario hacerle una evaluación. La evaluación es justa si los padres entienden lo que se le va a hacer al niño y dan su permiso para que esto se haga. Además, la evaluación es justa si las personas que dan los exámenes son expertos; si los exámenes son en el lenguaje preferido por el niño; si los exámenes toman en cuenta la cultura y las experiencias del niño; y si se hace la evaluación completa por lo menos cada tres años.

FAIR HEARING **AUDIENCIA IMPARCIAL; AUDIENCIA DE QUEJA**

Cuando hay un conflicto entre la opinión de los padres y la opinión de la escuela acerca de la educación especial de un niño, se trata de resolver esta diferencia en una *audiencia imparcial*. Los padres y las personas de la escuela se juntan para dar sus opiniones ante unos jueces. Los jueces deciden qué es lo que se va a hacer. -

FAMILIAL **FAMILIAR**

Lo que tiene que ver con la familia.

_____

_____

_____

FAMILY BACKGROUND **ANTECEDENTES FAMILIARES**

Todo lo que le ha pasado a la persona dentro de su familia.

_____

_____

_____

FAMILY INSTABILITY **INESTABILIDAD FAMILIAR**

Cuando hay demasiados cambios y problemas dentro de una familia, especialmente problemas emocionales.

_____

_____

_____

FAMILY HEALTH HISTORY **HISTORIA DE LA SALUD DE LA FAMILIA**

Lista de las enfermedades y problemas físicos que ha tenido una familia, incluyendo a los padres y a los abuelos.

_____

_____

_____

FAMILY THERAPY **TERAPIA FAMILIAR**

Ayudarle a una familia a platicar acerca de sus problemas y así tratar de resolverlos.

_____

_____

_____

FANTASIZE **FANTASEAR**

Pasar el tiempo soñando despierto; no poner atención a lo que está sucediendo.

_____

_____

_____

FEEDBACK

RETROALIMENTACION

Una respuesta informativa, información que resulta después de hacer algo.

**FIELD DEPEN-
DENCE—INDEPEN-
DENCE; FIELD DE-
PENDENT, FIELD
INDEPENDENT**

DEPENDENCIA-INDEPENDENCIA DEL CAMPO; DEPENDIENTE, INDEPENDIENTE DEL CAMPO

La habilidad de una persona de saber cuando algo está en una posición vertical (recta). Ciertas personas siempre pueden encontrar la posición vertical aún cuando se les quitan todos los detalles por los cuales podrian saber qué es vertical y qué no es. Estas personas tienen diferentes personalidades y diferentes maneras de aprender. Hay otras personas a quienes se les hace muy difícil saber cuándo algo está en una posición vertical. Estas personas tienen también sus propias maneras de actuar y aprender.

FIELD TEST

TRABAJO DE CAMPO, EXPERIMENTACION EN EL CAMPO PRACTICO

Probar algo en una situación real. Por ejemplo, cuando se desarrolla un nuevo examen, uno tiene que ver cómo funciona cuando se les da el examen a muchos niños.

**FIGURE-GROUND
DISTURBANCE**

TRASTORNOS DE FIGURA Y FONDO

Cuando los ojos de una persona tienen dificultad en fijarse en sólo una cosa, sin notar lo que está pasando alrededor de la cosa. Cuando esto sucede, hay serios problemas en aprender a leer.

PERCEPCION DE FIGURA Y FONDO

**FIGURE-GROUND
PERCEPTION**

Cuando los ojos se fijan en una cosa, sin notar mucho lo que está sucediendo alrededor de esa cosa.

FINE MOTOR CONTROL

CONTROL DE MOVIMIENTOS FINOS

La habilidad de una persona de controlar sus movimientos pequeños especialmente el uso de las manos y de los dedos.

FINE MOTOR SEQUENCING

SEQUENCIA DE MOVIMIENTOS FINOS

La habilidad de una persona de controlar movimientos pequeños y seguidos, como los que se necesitan para escribir algo con un lápiz.

FLUENCY

FACILIDAD VERBAL

Cuando una persona puede platicar mucho y facilmente.

FOLLOW SIMPLE COMMANDS/COM- PLEX COMMANDS

OBEDECER ORDENES SENCILLAS/ORDENES COMPLEJAS

Cuando una persona puede seguir instrucciones. Las instrucciones pueden ser sencillas-de sólo un mandato -o pueden ser complejos-de varios mandatos.

FORMAL OPERA- TIONAL STAGE (PIAGET)

PERIODO DE OPERACIONES FORMALES

Este es el nivel más avanzado en el desarrollo de la mente. Entre los 13 y 18 años la mayor parte de la gente logra llegar a este nivel. La inteligencia entonces puede hacer cálculos muy complicados, manejar y ordenar muchas ideas y resolver problemas que son muy difíciles.

| FOSTER CHILD; | **NIÑO TEMPORALMENTE ADOPTADO; CASA** |
| FOSTER HOME | **ADOPTIVA TEMPORAL** |

Niño que está al cuidado de una familia por un tiempo relativamente corto. La familia no adopta al niño.

**FREE APPROPRI-
ATE PUBLIC
EDUCATION**

EDUCACTION PUBLICA GRATIS Y APROPIADA

Todos los niños dishabilitados en los Estados Unidos tienen derecho a una *educación pública, gratis,* y *apropiada* para sus necesidades.

FREE TIME

TIEMPO LIBRE

Tiempo en la clase durante el cual el niño puede escoger lo que quiere hacer.

**FREQUENCY
DISTRIBUTION**

DISTRIBUCION DE FRECUENCIA

Cuando se da un examen a un grupo de personas, la *distribución de frecuencias* es el número de personas que sacan cada una de las notas que se pueden obtener.

**FUNCTIONAL DIS-
ORDERS (SPEECH
THERAPY)**

DESORDENES FUNCIONALES DEL HABLA

Cuando una persona tiene dificultad en hablar y no existe ninguna razón física para ello.

G

G FACTOR

FACTOR GENERAL DE INTELIGENCIA

En casi todos los exámenes en los cuales se tiene que usar la mente, hay una habilidad general que parece influir todos los resultados.

GENES

GENES

Partes pequeñísimas del cuerpo humano por medio de las cuales pasan algunas características de los padres a los niños.

GENETIC

GENETICO

Todo lo que tiene que ver con lo heredado, o sea, lo que los padres pasan a sus hijos.

GENETIC COUNSELING

ASESORAMIENTO GENETICO

Ciertas incapacidades son heredadas o pasan de los padres a los niños. En el *asesoramiento genético* una persona trata de aconsejar a los padres acerca de esto.

GENETIC FACTORS

FACTORES GENETICOS

Lo que influye el proceso de heredar ciertas características.

GENIUS

GENIO

Persona de inteligencia muy, muy superior, la cual se nota desde la niñez. Estos niños aprenden cosas con gran rapidez y a veces saben hacer cosas que normalmente requieren mucho estudio, por ejemplo, tocar el piano, hacer matemáticas, etc.

GERMAN MEASLES

SARAMPION ALEMAN

Enfermedad que en los primeros tres meses del embarazo puede causar serias incapacidades en el niño, como retardo mental.

GESTALT (ADJECTIVE)

GESTALT; GESTALTICO

Palabra que se usa muchas veces y que en general se refiere a todo lo que acompaña a una experiencia. Por ejemplo, ciertas cosas se recuerdan con mucho sentimiento, con mucho detalle, con mucha emoción. Todo esto es el *gestalt* de esa memoria.

GIFTED

SUPERDOTADO

Niño que demuestra una gran habilidad para aprender cualquier cosa, especialmente en música y matemáticas.

GOALS

METAS

Algo que uno quiere lograr después de un esfuerzo. En el Plan Educativo Individualizado las metas indican lo que el niño va a poder hacer después de cierto tiempo.

GRADE EQUIVA- LENT SCORE	**PUNTUACION DEL GRADO, PUNTUACIONES QUE** **CORRESPONDEN A GRADOS ESCOLARES**

Cuando las notas de un examen se expresan con el número del grado escolar. Por ejemplo, cuando un niño que está en el tercer grado, saca notas en un examen que son iguales a las de niños del quinto grado, entonces se dice que el niño ha sacado una puntuacion de quinto grado.

GRADE LEVEL	**NIVEL DEL GRADO**

Lo que tiene que ver con cierto grado. Muchas veces se usa *el nivel del grado* para platicar acerca de lo que puede hacer un niño: ya sea que está abajo de su nivel de grado, o que está arriba de su nivel.

GRADE NORMS	**NORMAS DE GRADO**

Cuando se les da a muchos niños un examen, y se determina lo qué es típico para niños de cierto grado escolar. Se usa esto para ver en que nivel de grado está trabajando un niño.

GRADES (e.g.,1st, 2nd, etc.)	**GRADOS, NIVELES**

Los varios niveles de las escuelas que se hacen más difíciles a medida que avanza el niño.

GRADES (e.g., A, B, C, etc.)	**NOTAS, CALIFICACIONES**

Lo que las maestras usan para indicar lo bien o lo mal que está aprendiendo un niño en la escuela. Una "A" quiere decir excelente; "B", bueno; "C", mediano; "D", malo;"F", fracasado.

GRAND MAL

GRAN MAL

Condición de la cabeza por la cual una persona a veces pierde control muscular con grandes temblores y contracciones, y a veces se desmaya. Esta condición se puede controlar con medicina.

_____

_____

_____

**GRAND MAL EPI-
I FPTIC SEIZURE**

ATAQUE DE EPILEPSIA, GRAN MAL

Ataque de temblores y contracciones musculares que le vienen a una persona que tiene epilepsia. La persona se desmaya cuando esto le sucede.

_____

_____

_____

**GROSS MOTOR
MOVEMENT**

MOVIMIENTOS MOTORES GLOBALES

Movimientos grandes que una persona hace con varias partes de su cuerpo.

_____

_____

_____

**GROSS-MOTOR
TEST**

EXAMEN DE MOVIMIENTOS GLOBALES

Examen que mide la habilidad de una persona para hacer movimientos grandes.

_____

_____

_____

**GROUP
COUNSELING**

ASESORAMIENTO EN GRUPO, ACONSEJAR EN GRUPO

Cuando un grupo de personas, con la ayuda de un consejero, se reunen para tratar de resolver problemas personales.

_____

_____

_____

GROUP TEST **PRUEBA PARA GRUPO**

Examen que se puede dar a un grupo de personas.

GROWTH **CRECIMIENTO, PROGRESO**

Proceso de crecer, físicamente y/o mentalmente.

GUESSING **ADIVINACION; ADIVINAR**

Cuando una persona no sabe la respuesta correcta, pero da una respuesta que espera que sea buena.

H

HABITS

HABITOS

Lo que una persona hace muy seguido; cómo se porta todos los días.

_____

_____

_____

HALO EFFECT

ERROR DE HALO, EFECTO DE HALO

Una impresión general que uno tiene acerca de otra persona. A veces la impresión es tan fuerte que afecta todo lo que se piensa acerca de esa persona y aun la manera como se le trata. Por ejemplo, si un niño saca notas bajas en un examen y el maestro lo trata como si fuera tonto en todos sus estudios.

_____

_____

_____

HANDICAPPED; HANDICAP

INCAPACITADO, DISHABILITADO, IMPEDIDO; INCAPACIDAD, DISHABILIDAD, IMPEDIMENTO

Cuando una persona tiene algún problema físico, mental o emocional que le hace difícil aprender normalmente. Estas personas muchas veces necesitan educación especial y ayuda especial para vivir independientemente.

_____

_____

_____

HARD OF HEARING

DURO DE OIDO

Cuando se la hace difícil a una persona oir normalmente. Esto se corrige con una pequeña máquina conectada al oido que hace más fuertes los sonidos.

_____

_____

_____

HEALTH HISTORY   **HISTORIA DE LA SALUD DEL NIÑO**

Datos médicos del niño.

_____

_____

_____

**HEALTH
IMPAIRMENTS**

IMPEDIMENTOS DE SALUD

Enfermedades o condiciones médicas que causan dificultades en el vivir bien.

_____

_____

_____

HEARING   **AUDICION**

Habilidad de oír.

_____

_____

_____

HEARING AID   **AUDIFONO, PROTESIS AUDITIVO**

Máquina pequeña que se conecta al oído y que hace más
fuertes los sonidos.

_____

_____

_____

**HEARING
DISORDER**

TRASTORNO AUDITIVO

(Véase HEARING IMPAIRMENT)

_____

_____

_____

**HEARING
HANDICAPPED;
HEARING
HANDICAP**

**INCAPACITADO AUDITIVO; IMPEDIMENTO AUDITI-
VO**

Grave pérdida de la habilidad de oír. Las personas que su-
fren de esto necesitan ayuda especial.

_____

_____

_____

84

HEARING IMPAIR-MENT; HEARING IMPAIRED

IMPEDIMENTO AUDITIVO; IMPEDIDO AUDITIVO

Persona que ha sufrido una pérdida del oido a veces muy grande, a veces muy pequeña.

HEARING TEST

TEST DE AUDICION

Examen que se les da a las personas para ver si pueden oír bien.

HEMOPHILIA

HEMOFILIA

Cuando la sangre de una persona no coagula bien; cuando la persona se corta y sangra sin parar.

HIGH INCIDENCE HANDICAPS

DISHABILIDADES DE ALTA FRECUENCIA

Dishabilidades que ocurren a menudo.

HIGH INTEREST— LOW VOCABU-LARY READING MATERIALS

MATERIALES DE LECTURA CON VOCABULARIO REDUCIDO SUMAMENTE INTERESANTES

Libros y otros materiales que tienen palabras fáciles y comunes que son muy interesantes para niños mayores. Se usan en la clase con niños que están atrasados en la lectura.

HIGH-RISK CHILDREN

NIÑOS DE ALTO RIESGO

Niños que por varias razones están en peligro de enfermarse, crecer despacio, o tener una dishabilidad. Por ejemplo, ciertos niños no reciben suficiente comida en calidad o cantidad, y por esto crecen más despacio y encuentran el trabajo de la escuela más difícil.

HIGH SCORING STUDENTS

PERSONAS QUE SACAN ALTAS CALIFICACIONES

Alguien que siempre sale bien en los exámenes que toma.

HISPANICS; HISPANIC

HISPANOS; HISPANICOS

Gente que viene de una cultura y lenguaje relacionados con Latinoamérica o España.

HOMEBOUND INSTRUCTION/ SERVICE

INSTRUCCION QUE SE LLEVA A LA CASA

A veces los niños no pueden ir a la escuela por mucho tiempo, como cuando están enfermos, o cuando no pueden portarse bien en la clase. En estos casos, por medio de la educación especial, se les manda una maestra a la casa.

HOME ENVIRONMENT

AMBIENTE CASERO, AMBIENTE DEL HOGAR

Todo lo que rodea al niño en su casa: las cosas materiales, el amor de los padres, el tamaño de la familia, etc.

HOME-SCHOOL DISTANCE

DISTANCIA HOGAR-ESCUELA

A veces un niño se cría en una familia con cierto idioma y con ciertas costumbres. A veces la escuela tiene diferentes costumbres y un diferente lenguaje. Cuando esto sucede se dice que hay much distancia entre la escuela y la casa, y también que les será difícil a los niños adaptarse y aprender bien.

HOP

SALTAR EN UN PIE, SALTAR A LA PATA COJA

HOSTILE; HOSTILITY

HOSTIL; HOSTILIDAD

Persona que muchas veces se pone en contra de los demás. Es difícil tratar con esta clase de persona.

HYDROCEPHALUS

HIDROCEFALIA

Cuando el niño nace con agua en el cerebro y la cabeza se le desforma. Esto a veces le causa muchas dificultades mentales.

HYGIENE

HIGIENE

Mantenerse limpio y saber mantener la salud.

HYPERACTIVITY **HIPERACTIVIDAD**

Niño que no puede prestar atención; que se mueve mucho; que no puede estar quieto por mucho tiempo; y que a veces causa problemas en la clase y en el hogar.

_____

_____

_____

HYPERKINESIS **HIPERQUINESIA**

Cuando la persona no tiene control sobre el movimiento constante de sus músculos.

_____

_____

_____

HYPERNASALITY **HIPERNASALIDAD**

Tono de voz de muchos deficientes mentales que hace difícil entenderles. Es como si dijeran las palabras a través de la nariz.

_____

_____

_____

HYPOACTIVE **HIPOACTIVO**

Cuando la persona no se mueve mucho; no tiene ganas de trabajar o jugar.

_____

_____

_____

HYPOGLYCEMIA **HIPOGLICEMIA**

Enfermedad o condición en la cual no hay suficiente azúcar en la sangre. Cuando esto sucede, la persona se siente enojada o con poca energía. Se puede tratar con dieta.

_____

_____

_____

I

INDIVIDUAL EDUCATION PLAN, IEP

PLAN DE EDUCACION INDIVIDUALIZADO, PEI

Plan de educación hecho para las necesidades de un estudiante. Cada niño que es evaluado y recomendado para recibir educación especial debe de tener un *P.E.I.* Los padres tienen que aprobarlo.

IMITATE

IMITAR

Copiar lo que hace otra persona.

IMMATURE; IMMATURITY

INMADURO; INMADUREZ

Ciertos niños crecen más despacio que otros. A estos se les llama *inmaduros*. Pueden ser inmaduros en su manera de pensar o portarse.

IMMEDIATE GRATIFICATION

GRATIFICACION INMEDIATA

Premiar a alguien inmediatamente después de haber hecho algo deseado. Ciertas personas no pueden trabajar sin recibir premios inmediatos.

IMPAIRMENT

IMPEDIMENTO

Alguna condición que no le permite a una persona hacer lo que hacen las demás.

IMPATIENT **IMPACIENTE**

Cuando una persona no puede esperar por mucho tiempo.

_____

_____

_____

IMPULSIVITY; **IMPULSIVIDAD; IMPULSIVO**
IMPULSIVE
Cuando la persona no piensa mucho antes de actuar. No tiene mucho control. No piensa en lo que puede suceder como resultado de su acción.

_____

_____

_____

INATTENTIVE **DESATENTO**

Cuando la persona no presta atención, ya sea porque no quiere o no puede. Hay ciertos niños que no pueden poner atención porque tienen problemas mentales o emocionales.

_____

_____

_____

INCAPABLE **INCAPAZ**

Cuando una persona no puede hacer algo.

_____

_____

_____

INCIDENCE **INCIDENCIA**

La frecuencia con que una cosa sucede.

_____

_____

_____

INCREASING **ORDEN PROGRESIVAMENTE MAS DIFICIL**
ORDER OF
DIFFICULTY Cuando las preguntas de un examen son más y más difíciles, o cuando se le pide a un niño que haga cosas más y más difíciles.

_____

_____

_____

INDEPENDENT **INDEPENDIENTE**

Cuando alguien puede hacer algo sin la ayuda de otros.

_____

_____

_____

INDEPENDENT LIVING **VIVIR INDEPENDIENTEMENTE**

Cuando una persona sabe cuidarse y sostenerse sin la ayuda de otros.

_____

_____

_____

INDIFFERENCE **INDIFERENCIA**

Cuando una persona no parece darle importancia a algo o alguien.

_____

_____

INDIVIDUAL ATTENTION **ATENCION INDIVIDUAL**

Cuando la maestra trabaja con un solo niño y le pone mucha atención.

_____

_____

_____

INDUCTIVE REASONING **RAZONAMIENTO INDUCTIVO**

En general hay dos maneras como una persona puede aprender: razonamiento inductivo y razonamiento deductivo. Si se usa _razonamiento inductivo_ se presenta la lección por medio de muchos ejemplos. Así los niños llegan a entender el sentido de la lección. Por ejemplo, cuando se les quiere enseñar a los niños que las cosas de poco peso flotan, primero se les dan muchas cosas para que prueben cuáles son las que flotan y las que no flotan. Luego se les pregunta cuáles flotan. Si han usado _razonamiento inductivo_ dirán que las cosas que no pesan mucho, flotan.

_____

_____

_____

INFANCY

INFANCIA

Tiempo de la vida de un niño desde el nacimiento hasta que puede caminar y hablar, más o menos hasta los 15 meses.

_____

_____

_____

INFANT STIMULA- TION PROGRAM

PROGRAMA DE ESTIMULACION INFANTIL

Programa para los niños que nacen con graves dishabilidades físicas. En este programa se les ayuda a los niños a mover su cuerpo, a tocar muchas cosas, a ver muchas cosas, etc. El programa también trata de enseñarles a los padres a ayudar a sus niños.

_____

_____

_____

INFERIORITY COMPLEX

COMPLEJO DE INFERIORIDAD

Cuando una persona siente como que no vale nada; se siente menos de los que es. Ciertas personas tratan de esconder su complejo de inferioridad exagerando su valor propio.

_____

_____

_____

INHIBIT

INHIBIR

Hacer que algo no pueda seguir o desarrollarse.

_____

_____

_____

INHIBITED

INHIBIDO

Persona que se siente amarrado, como si no pudiera seguir adelante.

_____

_____

_____

INNATE ABILITIES   **HABILIDADES INATAS**

Talentos que uno trae desde el nacimiento. Por ejemplo, ciertos niños desde muy jóvenes pueden mover su cuerpo muy, muy bien, y son buenos para los deportes o la danza.

INNATE CHARACTERISTICS   **CARACTERISTICAS INATAS**

Lo que uno trae desde el nacimiento, ya sean talentos o incapacidades.

INNATE RESPONSE SYSTEM   **SISTEMA INATO DE RESPUESTAS**

Hay ciertas maneras de actuar que ya vienen desde el nacimiento y que casi son automáticas, por ejemplo, el susto que uno siente cuando oye ruidos fuertes.

INNER LANGUAGE   **LENGUAJE INTERIOR**

Muchas veces cuando los niños están pensando platican a sí mismos. No se les puede oír nada aunque a veces sus labios se mueven.

INPUT SYSTEM   **SISTEMA RECEPTIVO**

Todas las diferentes maneras, físicas y mentales, por las que una persona recibe información del mundo, por ejemplo, oír, sentir, etc.

INSECURE; INSECURITY

INSEGURO; INSEGURIDAD

Falta de sentido de seguridad. Cuando uno no se siente seguro; se siente como si uno estuviera sin protección, o que fuera a fallar.

INSTITUTIONAL SETTING

AMBIENTE INSTITUCIONAL

Hospital o cualquier lugar en donde la persona está aislada del resto de la comunidad.

INSTITUTIONALIZE

INSTITUCIONALIZAR

Poner a alguien en un hospital o en un lugar donde está aislada del resto de la comunidad.

INTEGRATED PHYSICAL MOVEMENT

MOVIMIENTO FISICO INTEGRADO

Cuando una persona puede moverse con mucha facilidad, usando al mismo tiempo diferentes partes de su cuerpo.

INTEGRATION

INTEGRACION

Ayudar a la persona que antes había estado aislada a mezclarse con gente de la comunidad, por ejemplo, en la escuela, en el trabajo, etc.

INTELLECTUAL FUNCTIONING

FUNCIONAMIENTO INTELECTUAL

La manera en que está funcionando la mente, ya sea rápido o despacio, bien o mal.

INTELLECTUAL MATURITY

MADUREZ INTELECTUAL

Cuánto ha crecido una persona en su habilidad de pensar. Por ejemplo, a veces se dice que un niño de siete años tiene una habilidad de pensar de un niño de doce años. Su *madurez intelectual* es muy alta.

INTELLECTUALLY SUPERIOR

INTELECTUALMENTE SUPERIOR

Persona que demuestra mucha habilidad para aprender o pensar, ya sea en ciertos exámenes o en los triunfos que tiene en la vida.

INTELLIGENCE

INTELIGENCIA

Habilidad de aprender, pensar, tomar decisiones, y adaptarse al mundo.

INTERPERSONAL RELATIONS

RELACIONES INTERPERSONALES

Amistades que una persona forma con los demás.

INTERPRETATION OF SOCIAL SITUATIONS

INTERPRETACION DE SITUACIONES SOCIALES

Cómo se juzga lo que está sucediendo entre la gente.

INTERPRETER

INTERPRETE

Persona que sabe hablar inglés y español (u otro idioma). Les ayuda a los padres de familia y a los niños que sólo hablan español (o el otro idioma) a comunicarse con personas de la escuela que sólo hablan inglés.

INTERVENTION **INTERVENCION**

En la educación especial, es el tratamiento que se ha decidido dar a un niño después de evaluarlo cuidadosamente. Se espera que la *intervención* pueda corregir o hacer que mejore el desorden del niño.

INTIMIDATE **INTIMIDAR**

Hacer que otra persona tenga miedo de uno.

INTONATION **ENTONACION**

Los varios sonidos que hace la voz cuando uno habla.

INTRINSIC **INTRINSECO**

Cosas o pensamientos que vienen de adentro de la persona.

INTROVERTED **INTROVERTIDO/A**

Persona muy sensitiva, nerviosa y tímida. No muestra mucha confianza en sí mismo.

INVENTORY **INVENTARIO**

Serie de preguntas acerca de un tema. Por ejemplo, hay inventarios de salud, de intereses, de comportamiento, etc.

COCIENTE INTELECTUAL, C.I.

Número que se le da a la gente que ha tomado un examen de inteligencia. Una nota de 100 quiere decir que uno tiene una inteligencia normal. Lo mismo se dice de los que sacan notas entre 85 y 115. Mientras más alto sea el número, se supone que la persona sea más inteligente. Notas entre 70 y 85 indican que la persona puede tener muchos problemas para aprender. Entre 50 y 70 indican que posiblemente hay retardo mental. Hay un gran problema con estos números: se supone que toda la gente ha tenido la mismo oportunidad para aprender inglés y para aprender lo que está en el examen de inteligencia. Si esto no es verdad el cociente intelectual no mide verdaderamente la inteligencia.

_____

_____

_____

I.Q. TEST

EXAMEN DE INTELIGENCIA, EXAMEN DE COCIENTE INTELECTUAL

Examen que trata de ver cuánto ha aprendido una persona. Se dice que las personas que han aprendido más son las más inteligentes. El problema con estos exámenes es que a veces no toda la gente ha tenido las mismas oportunidades para aprender lo que está en el examen. Cuando esto sucede, el examen no mide bien la inteligencia. Es importante que se de el examen de inteligencia en el lenguaje que la persona sabe mejor.

_____

_____

_____

ISOLATE

AISLAR

Separar o alejar a alguien del resto de la gente.

_____

_____

_____

ITEM/S

ITEM/ITEMES, REACTIVO/S

Preguntas de un examen.

_____

_____

_____

ITEM DIFFICULTIES

DIFICULTAD DE LOS ITEMS

El nivel de dificultad de cada una de las preguntas de un examen.

_____

_____

_____

ITEM DIFFICULTY LEVEL

INDICE DE DIFICULTAD

Muchos exámenes mentales son hechos de tal manera que cada pregunta es un poco más difícil que la anterior. La dificultad de cada pregunta se indica con el *Indice de dificultad* y se expresa por el porcentaje de personas que la contestan bien.

_____

_____

_____

ITINERANT SERVICES

SERVICIOS ITINERARIOS, ITINERANTES

Ayuda especial que dan diferentes profesionales en las diferentes escuelas, casas u hospitales a niños o personas que tienen dishabilidades.

_____

_____

_____

ITINERANT TEACH-ERS/SPECIALISTS

MAESTROS/ESPECIALISTAS ITINERARIOS, ITINE-RANTES

Profesionales que viajan a la casa, al hospital o a la escuela . para dar ayuda especial a niños dishabilitados.

_____

_____

_____

J

JOB PLACEMENT

COLOCACION LABORAL (Véase WORK PLACEMENT)

K

KINESTHETIC

CINESTETICO

Lo que tiene que ver con el movimiento.

L

LABEL

CLASIFICAR

Cuando se usa el nombre de la dishabilidad o incapacidad de una persona para darle ayuda especial y a veces para aislarla del resto de la comunidad.

LACK OF STIMULATION

FALTA DE ESTIMULOS, FALTA DE ESTIMULACION

Cuando el ambiente de una persona no tiene mucha variedad, ni cambia mucho. Se dice que cuando esto sucede el niño crece más despacio, especialmente su mente.

LANGUAGE DELAY

RETRASO DE LENGUAJE

Cuando el niño no puede hablar ni entender tanto como los demás de su edad.

LANGUAGE DEVELOPMENT

DESARROLLO DEL LENGUAJE

Asi como el cuerpo de un niño crece, así también crece su habilidad de hablar y entender.

LANGUAGE DISORDER

TRASTORNO DE LENGUAJE

Algún problema o problemas que tiene una persona con su habilidad para hablar. Muchas veces la persona tiene buena inteligencia.

LANGUAGE LOSS **PERDIDA DE LENGUAJE**

Cuando uno está aprendiendo un nuevo idioma, y deja de usar mucho su primer idioma, poco a poco se pierde el primer idioma. Por ejemplo, cuando un niño puertorriqueño va a la escuela en los EE.UU. y deja de usar el español a veces empieza a perder su habilidad para hablar español.

LANGUAGE PROFICIENCY **PROFICIENCIA DE LENGUAJE**

La habilidad de una persona para usar el lenguaje.

LANGUAGE PROFICIENCY TEST **EXAMEN DE PROFICIENCIA DE LENGUAJE**

Examen que mide la habilidad de una persona para usar el lenguaje.

LATENCY PERIOD **PERIODO DE LATENCIA**

El período entre los 6 y los 12 años de edad cuando los niños generalmente no crecen mucho y están relativamente tranquilos.

LATERAL CONFUSION **CONFUSION LATERAL**

Cuando una persona se confunde al usar la parte derecha o la parte izquierda de su cuerpo. Por ejemplo, cuando una maestra levanta la mano izquierda y los niños le copian, el niño con este problema se equivoca ý levanta la derecha.

LATERALITY   **LATERALIDAD**

Habilidad de reconocer el lado izquierdo y derecho del cuerpo.

_____

_____

_____

LAZY, LAZINESS   **PEREZOSO**

Cuando una persona no tiene ganas de hacer nada.

_____

_____

_____

LEARNING   **APRENDIZAJE, APRENDER**

La manera como una persona llega a saber alguna materia, cosa, trabajo, etc. Lo que se aprende se guarda en el cerebro (la mente).

_____

_____

_____

LEARNING
CHANNELS

CANALES DE APRENDIZAJE

Todas las diferentes maneras como la persona recibe información. De esta información la persona aprende. Por ejemplo, se puede aprender de lo que unó ve, de lo que toca, de lo que oye, etc.

_____

_____

_____

LEARNING DISABI-
LITY, LEARNING
HANDICAP

DISHABILIDAD PARA APRENDER

Cuando los niños demuestran buena inteligencia y al mismo tiempo tienen dificultades para aprender. Por ejemplo, ciertos niños inteligentes no pueden leer si no se les da bastante ayuda. Hay muchas razones para estas dificultades. Sin ayuda especial, estos niños sacan muy bajas notas en la escuela, y a veces se atrasan bastante.

_____

_____

_____

LEARNING DIS-ABLED CHILD; LEARNING HANDICAPPED CHILD	**NIÑO DISHABILITADO PARA APRENDER; NIÑO CON PROBLEMAS PARA APRENDER** (Véase LEARNING DISABILITY)

LEARNING OBJECTIVES	**OBJETIVOS DIDACTICOS, OBJETIVOS DE APRENDIZAJE** Los planes que se hacen acerca de cómo y cuánto va a aprender un niño durante cierto periodo de tiempo.

LEARNING STYLE	**ESTILO DE APRENDIZAJE** Manera preferida para aprender una materia. Por ejemplo, ciertos niños prefieren aprender el número de su teléfono en grupitos (55-51-21-2), otros prefieren aprenderlo todo de un solo (5551212).

LEAST RESTRIC-TIVE EDUCATION-AL ENVIRONMENT	**AMBIENTE DE EDUCATION MENOS RESTRICTIVO/ RESTRINGIDO** Cuando un niño que necesita educación especial participa en una clase regular lo más posible. De esta manera no se le separa de otros niños. Así aprende cómo llevarse con ellos y al mismo tiempo, a ser más independiente.

LEFT HANDED/ RIGHT HANDED	**ZURDO/DIESTRO** Persona que prefiere usar la mano izquierda; persona que prefiere usar la mano derecha.

LEGAL GUARDIAN **GUARDIAN LEGAL**

Persona o familia que la corte manda para responsabilizarse por un niño.

_____

_____

_____

LEGALLY BLIND **LEGALMENTE CIEGO**

Personas que aun con anteojos no pueden ver suficientemente bien para manejar o caminar sin problemas.

_____

_____

_____

LETHARGIC **LETARGICO**

Cuando una persona siempre parece estar cansada, soñolienta, sin ánimo de hacer nada.

_____

_____

_____

LEVEL (AGE, **NIVEL**
GRADE, ETC.)
Como está funcionando la persona en comparación a otros.

_____

_____

_____

LEXICON, LEXICAL **LEXICO**

Todas las palabras que una persona sabe usar o entender.

_____

_____

_____

LIKEABLE **AMABLE**

Alguien que es muy agradable, simpático.

_____

_____

_____

LIMIT SETTING   **ESTABLECIMIENTO DE LIMITES**

Definir hasta dónde puede llegar un niño en su comportamiento.

LIMITS; TO LIMIT   **LIMITES; LIMITAR**

Decir hasta donde uno va a aguantar cierta cosa.

LIMITED CAPACITY   **CAPACIDAD LIMITADA**

Cuando una persona tiene poco talento o inteligencia y esto le hace difícil hacer ciertas cosas.

LISTENING COMPREHENSION   **ESCUCHAR CON COMPRENSION, COMPRENSION AL ESCUCHAR**

Habilidad de oír y entender lo que se oye.

LOCAL EDUCATION AGENCY   **AGENCIA LOCAL DE EDUCACION**

Este nombre se usa cuando se habla de la escuela del vecindario, o de las oficinas donde se dirige el distrito escolar.

LONG-TERM MEMORY   **MEMORIA DE LARGO PLAZO**

Acordarse de lo que ocurrió hace mucho tiempo.

LONG-TERM INSTRUCTIONAL OBJECTIVE

OBJETIVO INSTRUCCIONAL DE LARGO PLAZO/DE TERMINO LARGO

Lo que se le tratará de enseñar a un niño durante un largo período de tiempo. En el plan individual educativo, los objetivos de largo plazo son como un guía para la maestra.

LOW FRUSTRA-TION LEVEL

NIVEL BAJO DE FRUSTRACION

Cuando una persona se enoja facilmente al no lograr lo que quiere hacer.

LOW FUNCTION-ING LEVEL

BAJO NIVEL DE FUNCIONAMIENTO

Cuando alguien no puede hacer algo bien, cuando hace las cosas menos bien que los compañeros.

LOW INCIDENCE HANDICAPS

DISHABILIDADES INFRECUENTES

Dishabilidades que no ocurren mucho, que pocas personas tienen.

LOW SCORING

SACAR NOTAS BAJAS

Persona que saca notas bajas frecuentemente.

LOW VISION

VISION BAJA/DEBIL

Cuando casi no se puede ver. Cuando se necesitan lentes.

M

MAINSTREAM CORRIENTE CENTRAL DE LA EDUCACION RE-
GULAR , PROGRAMA REGULAR

Clases regulares de las escuelas que tienen niños sin dishabilidades.

MAINSTREAMING INTEGRACION

Darle oportunidad a un estudiante con dishabilidades de estar con niños que no tienen dishabilidades, ya sea en la clase, la cafeteria, durante el recreo, etc.

MALADAPTIVE; MALADAPTATIVO; CONDUCTA MALADAPTATIVA
MALADAPTIVE
BEHAVIOR Cuando la persona no se porta como los demás; cuando
molesta a la gente o hace lo que es prohibido.

MANDATE MANDATO, ORDEN

Una orden y poder, dados por el gobierno, a ciertas personas
para que hagan algo que es importante o necesario para la
comunidad.

MANIC- MANIACO-DEPRESIVO, PSICOTICO MANIACO
DEPRESSIVE DEPRESIVO

Persona que tiene una grave enfermedad mental. Es una clase de locura en que la persona cambia de un estado *muy*
emocional y activo a un estado *muy* triste.

MANIPULATE

MANIPULAR

Hacer que alguien haga lo que uno quiere; dirigir lo que va a suceder.

_____

_____

_____

MASTER PLAN

PLAN MAESTRO DE EDUCACION ESPECIAL (EN CALIFORNIA)

Programa muy nuevo y original para la educación especial que se empezó en California en 1975. Este programa trata de darles una educación individual a todos los niños de California que tienen dishabilidades. Todos los distritos escolares tienen que dar cualquier clase o servicio especial que necesite un niño con dishabilidades. Al mismo tiempo, se trata de educar al niño junto con niños que no tienen necesidades especiales. Para niños que hablan español, el Plan Maestro de California ordena que el programa de educacion debe ser en el lenguaje apropiado. Esto quiere decir que debe de ser en español.

_____

_____

_____

MASTER SCHEDULE

HORARIO PRINCIPAL

Lista de todo lo que va a ocurrir en una escuela.

_____

_____

_____

MASTERY

MAESTRIA

Cuando una materia se ha aprendido muy, muy bien o hasta cierto nivel de habilidad.

_____

_____

_____

MATERNAL RUBELLA

SARAMPION ALEMAN

(Véase GERMAN MEASLES)

_____

_____

_____

MATURATIONAL LAG

RETRASO DE MADURACION

Cuando el niño crece mucho más despacio que otros niños de la misma edad.

_____

_____

_____

MAXIMUM POTENTIAL

POTENCIAL MAXIMO

Lo que se cree que es lo más que puede hacer un niño.

_____

_____

_____

MEAN LENGTH OF UTTERANCE

PROMEDIO DE PALABRAS POR FRASE, LONGITUD MEDIA DEL ENUNCIADO EN MORFEMAS

Manera de evaluar el lenguaje de una persona. Primero se escribe todo lo que dice la persona durante bastante tiempo. Luego, se cuenta el número de morfemas (véase MOR-FEMAS) en cada frase. El resultado es _la longitud media del enunciado en morfemas._

_____

_____

_____

MEASUREMENT

MEDICION

Todo lo que se usa para medir las habilidades, especialmente las habilidades mentales, de una persona. Por ejemplo, cuando uno quiere saber cuánta inteligencia tiene un niño, se usan las siguientes formas de _medición:_ exámenes, observaciones, notas de la escuela, etc. Todo esto se usa para medir lo que un niño puede hacer en comparación con otros.

_____

_____

_____

MEDICAL HISTORY **HISTORIA MEDICA, HISTORIA CLINICA**

Todo lo que le ha ocurrido a un niño en cuanto a su salud; por ejemplo, todas las enfermedades que ha tenido, todos los accidentes, etc. Muchas veces los padres de familia tienen que acordarse de esto para ayudar en la preparación de la educación especial para sus hijos.

_____

_____

_____

MEDICATION   **MEDICACION, MEDICAMENTO**

Medicina que un niño tiene que tomar.

_____

_____

_____

MEMORY   **MEMORIA**

Todo lo que se puede recordar; la habilidad de acordarse.

_____

_____

_____

MEMORY SPAN   **CAPACIDAD DE MEMORIA, LAPSO DE MEMORIA**

Lo que uno puede recordar de lo que se le acaba de decir o presentar. Ciertos niños, por ejemplo, se pueden acordar hasta diez números, y otros sólo cinco, otros tres, etc.

_____

_____

_____

MENINGITIS   **MENINGITIS**

Grave enfermedad que ataca unas partes (las membranas) del cerebro.

_____

_____

_____

MENTAL AGE   **EDAD MENTAL**

La edad mental no tiene que ver con los años que ha cumplido el niño. Tiene que ver con el tipo de trabajo mental que puede hacer. Por ejemplo, cuando un niño de 7 años puede hacer el trabajo mental del niño de 8 años, la _edad mental_ entonces es 8.

_____

_____

_____

MENTAL MATURITY

MADUREZ MENTAL

Cúanto ha crecido la habilidad de pensar de un niño. En ciertos niños el crecimiento es muy lento y tienen una *madurez mental* muy baja; en otros es muy rápido y tienen una *madurez mental* alta.

MENTAL DEFICIENCY

DEFICIENCIA MENTAL

Cuando la habilidad de pensar de un niño ha crecido muy, muy despacio, y le cuesta mucho al niño aprender cosas nuevas. Hay diferentes niveles de *deficiencia mental*, de la superficial leve, a la mediana, a la profunda.

MENTALLY DISABLED PERSONS

PERSONAS CON DISHABILIDADES MENTALES

Nombre muy general que incluye muchas dishabilidades de la mente.

MENTALLY GIFTED

SUPERDOTADOS

Personas con mucha inteligencia, que aprenden tan rápido que necesitan un programa especial en la escuela.

MENTAL RETARDATION

RETARDO MENTAL

Cuando una persona demuestra una inteligencia muy baja y no puede cuidarse ni portarse como el resto de la gente. Todo esto se nota durante el crecimiento de la persona.

MENTALLY RETARDED

RETARDADO MENTAL

Persona que tiene retardo mental. Hay diferentes maneras de nombrar el tipo de retardo:

De la A.A.M.D.*
Retardo mental leve
Retardo mental moderado
Retardo mental severo
Retardo mental profundo

De la Educación
Retardo mental educable
Retardo mental entrenable
Retardo mental severo
Retardo mental de custodia

* American Association on Mental Deficiency

METHODS OF EVALUATION

METODOS DE EVALUACION

Diferentes maneras como se mide si un programa o una persona han logrado mucho o poco.

MILD MENTAL RETARDATION

RETARDO MENTAL LEVE

Personas con inteligencia baja que pueden aprender las materias básicas de la escuela y vivir independientemente en la comunidad.

MINIMAL BRAIN DYSFUNCTION; MINIMAL BRAIN DAMAGE

DISFUNCION MINIMA DEL CEREBRO; DAÑO MINIMO DEL CEREBRO

Se cree que esto es un daño en el cerebro que causa serios problemas en el aprendizaje especialmente en los niños llamados *dishabilitados para aprender.*

MINIMUM COMPETENCY STANDARDS

REQUISITOS MINIMOS PARA LA GRADUACION

Cuando un niño va a graduarse de un grado o de una escuela, a veces tiene que sacar notas mínimas en un examen para poder pasar.

MINORITY GROUP   **GRUPO MINORITARIO**

Grupo de personas que son similares ya sea por cultura, lenguaje o raza, y que son diferentes de la mayoría.

MIRROR WRITING   **ESCRITURA EN ESPEJO, ESCRITURA DE DERE-CHA A IZQUIERDA**

Escribir al revés—de la dorooha a la izquierda—y con las letras al revés. Por ejemplo: gato—"otag."

MISDIAGNOSIS   **DIAGNOSIS FALSO, DIAGNOSTICO EQUIVOCADO**

Cuando los resultados de unos exámenes o pruebas no están bien o no se leen bien. Esto hace que la persona sea colocada en un programa que no es bueno para él o ella.

MISLABELLING   **MALA CLASIFICACION**

Darle a una persona el nombre de una dishabilidad que no tiene. Esto es muy serio porque muchas veces se les da un programa especial que no les ayuda, o se les coloca en una clase especial donde no reciben la ayuda que verdaderamente necesitan.

MOBILITY TRAINING   **ENTRENAMIENTO DE MOVILIDAD**

Ayuda especial que se les da a las personas ciegas para que puedan caminar sin golpearse contra otras personas u otro objeto.

MODALITY

MODALIDAD

La manera como un estudiante aprende a través de los diferentes sentidos; por ejemplo, por los ojos, los oídos, el tacto, o el sentido de movimiento. Algunos niños prefieren aprender principalmente por uno de estos sentidos. Otros niños no pueden o no saben usar ciertos sentidos para aprender.

MODALITY-PROCESSING APPROACH

ENSEÑANZA QUE USA LA MODALIDAD DE PROCESAR

Con esta forma de enseñar se le presenta la lección al niño usando su manera preferida para aprender. Ciertos niños aprenden mejor cuando ven la lección, otros cuando oyen la lección y otros cuando pueden hacer manualmente aspectos prácticos de la lección.

MODE

MODA

Nota de un examen que ocurre más frecuentemente. Por ejemplo, después de darles a 10 niños un examen, se encuentra que 7 de ellos salen con una nota de 8. Entonces la nota 8 es la *moda*, o sea, la nota que ocurre más frecuentemente.

MODELING

MODELAR

Demostrar cómo algo se debe hacer; enseñar por medio de un ejemplo. Por ejemplo, cuando una madre quiere que le guste a su niño leer, ella misma tiene que ponerse a leer.

MONGOLOID **MONGOLOIDE**

(Véase DOWN'S SYNDROME)

_____

_____

_____

MONOLINGUAL **MONOLINGÜE**

Alguien que usa solamente un lenguaje.

_____

_____

_____

MOODY **MALHUMORADO, TACITURNO**

Aguien que parece estar triste casi siempre, también quien muestra muchos humores diferentes.

_____

_____

_____

MORPHOLOGY **MORFOLOGIA**

La _morfologia_ es el estudio de los cambios de lo que quieren decir las palabras cuando se les ponen o se les quitan letras. Por ejemplo, la palabra "chico" quiere decir que sólo hay un niño; si le ponen una "s" para hacer la palabra "chicos", ahora quiere decir que hay 2 o más niños.

_____

_____

_____

MOTIVATION, MOTIVATING **MOTIVACION, MOTIVANTE**

Lo que anima a una persona; lo que mueve a una persona a hacer algo.

_____

_____

_____

MOTOR COORDINATION **COORDINACION MOTRIZ/MOTORA**

La habilidad de mover el cuerpo fácil y armoniosamente.

_____

_____

_____

MOTOR DEVELOPMENT

DESARROLLO MOTRIZ

Con cada año de crecimiento de los niños, también crece su habilidad para manejar su cuerpo.

MULTIDISCIPLIN- ARY ASSESSMENT

EVALUACION MULTIDISCIPLINARIA

Cuando personas que son expertas en diferentes cosas le dan muchos exámenes a un niño. Los exámenes miden diferentes habilidades, por ejemplo, la inteligencia, el lenguaje, la coordinación del cuerpo, la conducta adaptativa, etc.

MULTIDISCIPLIN- ARY EVALUATION TEAM

EQUIPO MULTIDISCIPLINARIO DE EVALUACION

Cuando es necesario saber cuáles son las necesidades especiales de un niño que tiene problemas en la escuela, se le dan muchos exámenes. Las personas que le dan estos exámenes son expertos en medir diferentes habilidades de niños. Estas personas se juntan en un grupo para hablar acerca de lo que el niño necesita.

MULTIPLE PERSONALITY

PERSONALIDAD MULTIPLE

Enfermedad grave que a veces causa que la persona cambie completamente, como si fuera otra. Es una forma de enfermedad de la mente.

MULTIPLE CHOICE QUESTIONS

PREGUNTAS DE OPCIONES MULTIPLES, ITEMS DE ELECCION MULTIPLE

Ciertos exámenes hacen una pregunta y después, ponen varias respuestas. Uno tiene que decidir cuál respuesta es la correcta, y luego marcarla de alguna manera.

MULTIHANDI-CAPPED

PERSONA CON DISHABILIDADES MULTIPLES, DIS-HABILITADO MULTIPLE, INCAPACITADO MULTI-PLE

Cuando una persona tiene muchas dishabilidades, por ejemplo, cuando es ciego, no puede oír y tampoco puede caminar.

MULTISENSORY APPROACH

ENSEÑANZA MULTISENSORIAL

Lección que se le da a un niño por medio de lo que ve, lo que oye, lo que toca, etc.

MUSCULAR DYSTROPHY

DISTROFIA MUSCULAR

Enfermedad de los músculos en la que uno pierde la habilidad de moverse. A veces el cuerpo empieza a deformarse.

MYOPIA

MIOPIA

Cuando uno no puede ver de lejos. Normalmente se puede corregir con anteojos o lentes de contacto.

N

NATIVE LANGUAGE

LENGUA MATERNA, IDIOMA MATERNO
Primer idioma que una persona aprende.

NEARSIGHTED

(Véase MYOPIA)

NEGATIVE REINFORCEMENT

REFUERZO NEGATIVO
Castigar al niño por algo que hace para que no lo repita.

NEIGHBORHOOD

VECINDARIO
Comunidad en donde vive una persona.

NERVOUS

NERVIOSO

NEUROLOGICAL DYSFUNCTION

DISFUNCION NEUROLOGICA
Cuando hay algún problema en el cerebro y se demuestra en dificultades al pensar, sentir, o moverse.

NEUROLOGICAL EXAM

EXAMEN NEUROLOGICO

Examen en que se ve si el cuerpo se mueve y siente de manera normal. Esto demuestra si el cerebro funciona bien.

NEUROLOGICALLY IMPAIRED

IMPEDIDO NEUROLOGICO

Cuando una persona tiene un problema en el cerebro y éste resulta en dificultades al pensar, sentir o moverse.

NEUROLOGIST

NEUROLOGO

Doctor médico que trata enfermedades del cerebro o del sistema nervioso central.

NEUROMOTOR DEVELOPMENT

DESARROLLO NEUROMOTRIZ

La manera como el cerebro y el cuerpo crecen juntos y trabajan con más y más facilidad.

NEUROPHYSIO-LOGICAL

NEUROFISIOLOGICO

Esto tiene que ver con el cerebro y cómo trabaja con otras partes del cuerpo para que la persona pueda pensar, sentir y moverse.

NEUROTIC

NEUROTICO

Persona muy nerviosa, con mucho miedo.

NONBIASED ASSESSMENT	(Véase NONBIASED TESTING)

NONBIASED TESTING

EVALUACION IMPARCIAL

Darle exámenes a un estudiante que verdaderamente miden lo que él puede hacer. Muchas veces ciertos exámenes no toman en cuenta diferencias de cultura o de lenguaje. Esto hace que el estudiante saque notas más bajas de lo que realmente puede sacar.

NONDISCRIMINA-TORY TESTING

EXAMINAR SIN DISCRIMINACION

Dar exámenes que no tratan mal a ningún grupo de personas. Muchas veces ciertos exámenes hacían que los niños hispanos fallaran mucho más que niños norteamericanos. El resultado era que parecía haber más retardo mental en los niños hispanos. La verdad era que los exámenes cometían muchos errores cuando se usaban con estos niños. Discriminaban en contra de ellos.

NONSENSE WORDS

PALABRAS SIN SENTIDO

Palabras tontas, sin sentido, por ejemplo, "fapo." A veces se usan para ver si el niño puede leer los sonidos de las letras o para ver cuántas de estas palabras se pueden recordar (estudiando la memoria, la habilidad para leer, etc.).

NONSTANDARD LANGUAGE/ DIALECT

LENGUAJE NO ESTANDAR; DIALECTO NO ESTANDAR

Manera de hablar un lenguaje que es diferente a la manera como se habla el lenguaje en la escuela, la radio, la iglesia, etc.

NONVERBAL ABILITIES

HABILIDADES DE EJECUCION, HABILIDADES NO VERBALES

Lo que puede hacer una persona sin tener que hablar.

NONVERBAL TESTS

EXAMENES DE EJECUCION, EXAMENES NO VER-BALES

Exámenes en los cuales la persona no necesita hablar para hacerlos. Muchos de estos son exámenes de inteligencia en los cuales el niño hace dibujos, completa un rompecabezas, etc.

NORMAL BRIGHT

NORMAL LISTO

Una persona que en un examen de inteligencia saca notas que son más altas que la mayoría.

NORMAL CURVE

CURVA NORMAL

Las personas tienen muchas habilidades y características. Hay exámenes que miden estas cosas. Cuando se les dan estos exámenes a muchas personas, la mayoría (68%) sacan notas ni altas, ni bajas—más bien, sacan notas medianas. Menos personas sacan notas altas o bajas. La curva normal es una línea que se parece a una campana que se usa para dibujar el número de personas con notas bajas, medianas y altas. (Se suguiere dibujar la curva)

NORMALIZATION

NORMALIZACION

Cuando se le ayuda a una persona con dishabilidades a vivir una vida normal o a recibir una educación con personas sin dishabilidades.

NORMED TEST

EXAMEN ESTANDARIZADO, TEST ESTANDARIZA-DO

Examen que se compra y que se usa con muchas personas. En general, las preguntas de este examen fueron escogidas con mucho cuidado. A todas las personas se les da el examen usando las mismas instrucciónes. El examen tiene normas (véase NORMS). Incluye mucha información acerca de lo que se mide con el examen y cómo se pueden usar las notas.

_____

_____

_____

NORMING GROUP

GRUPO DE NORMA

Grupo de personas que toman un examen. De este grupo se sacan las normas. (Véase NORMS)

_____

_____

_____

NORMING TABLES

TABLAS DE NORMAS

Parte de un examen estandarizado en la cual se encuentran las normas (véase NORMS). Se usa para ver si las notas de una persona son altas, bajas, o medianas en comparación con las de otras personas.

_____

_____

_____

NORMS

NORMAS

Se escoge un grupo de personas que tienen algo en común, por ejemplo, la misma edad, el mismo grado, el mismo trabajo, etc. Se le da a este grupo un examen. Las notas que sacan las personas de este grupo (unas notas son bajas, la mayor parte son medianas, otras son altas) se llaman las _normas_. Cuando se da el mismo examen a sólo una persona, las notas que saca esta persona se comparan con las del grupo que hizo la norma. Así se ve si la persona saca notas altas, medianas o bajas en comparación con el grupo de norma.

_____

_____

_____

NORM-REFERENCED TEST

EXAMEN/TEST NORMATIVO

Examen que tiene normas (véase NORMS). Se usa para ver cómo una persona se compara con otras personas de la misma edad, sexo, grado, trabajo, cultura, lenguaje, etc.

NOTIFICATION

NOTIFICACION

Este es uno de los derechos más importantes de los padres de familia. Cuando una agencia del gobierno, como una escuela pública, quiere hacerle algo especial a una persona, esa agencia tiene que avisar por escrito a la persona o a sus padres. Tiene que decirles qué es lo que quiere hacer. Si los padres entienden más español que inglés, esta noticia debe ser en español.

NUMERICAL ABILITY

HABILIDAD NUMERICA

Cuando una persona tiene una gran facilidad para los números. Aprende aritmética y matemáticas con mucha rapidez.

NUMERICAL REASONING

RAZONAMIENTO DE NUMEROS

Habilidad para pensar con números y resolver problemas que tienen que ver con números.

NURSERY SCHOOL

GUARDERIA INFANTIL

Escuelas para niños menores de 5 años que son muy importantes porque preparan a los niños para la escuela primaria.

O

OBESITY — OBESIDAD

Cuando una persona ha engordado demasiado y sufre porque le es difícil hacer muchas cosas. Está predispuesta a tener ciertas enfermedades.

OBJECT CLASSIFICATION — CLASIFICACION DE OBJETOS

Prueba que se le da a la gente para ver si pueden encontrar qué es lo que varias cosas tienen en común. Tienen que darle un nombre a ese grupo de cosas. Por ejemplo, se le da a un niño una naranja, una manzana, un lápiz y un libro. Luego, se le pide que *clasifique* estas cosas. El niño puede poner la manzana y la naranja en un grupo de cosas que se llama "cosas que se comen." Puede poner el lápiz y el libro juntos y llamarles "cosas que se usan en la escuela."

OBJECT PERMANENCE (PIAGET) — PERMANENCIA DE OBJETOS

Cuando los niños son muy chiquitos se portan como si las cosas desaparecieran cuando ya no las ven. Por ejemplo, cuando una pelota se mete detrás de algo, y no la ve el niño, no la busca. Se porta como si la pelota hubiera desaparecido. Cuando crece más, el niño empieza a entender que las cosas, aún cuando no se ven, siguen existiendo. Un niño que tiene la idea de *permanencia de objetos* no buscaría la pelota.

OBJECTIVES — OBJETIVOS

Parte de un plan educativo de un niño excepcional. Los objetivos ponen con más detalle lo que el niño tiene que hacer para lograr las metas. (Véase GOALS)

OBJECTIVE TEST   **TEST OBJETIVO**

Examen en el cual cada pregunta viene con varias respuestas y la persona tiene que escoger la respuesta correcta.

OCCUPATIONAL THERAPY; OCCUPATIONAL THERAPIST

TERAPIA OCUPACIONAL; TERAPEUTA OCUPACIONAL

Ayuda especial para una persona con dishabilidades o impedimentos físicos o mentales que le hacen difícil si no imposible poder trabajar. Esta ayuda especial trata de enseñarle a la persona dishabilitada cómo hacer lo que el trabajo pide.

OFF CAMPUS WORK STATION

ENTRENAMIENTO EN TRABAJO APARTE DE LA ESCUELA

Programa para personas con necesidades especiales. Se le permite al estudiante ir a trabajar fuera de la escuela para recibir entrenamiento.

OMISSION (SPEECH THERAPY)

OMISION

Cuando una persona tiene dificultad en formar las palabras y deja de hacer unos sonidos.

ONE-TO-ONE INSTRUCTION

INSTRUCCION DE PERSONA A PERSONA

Cuando una maestra le da clase a sólo un estudiante.

ON-THE-JOB-TRAINING

ENTRENAMIENTO EN EL TRABAJO

Programa educacional en el que se enseña a un estudiante lo que necesita saber para un trabajo. Se le da clase fuera de la escuela, en el sitio del trabajo.

OPERATIONAL RANGE

CAMPO DE OPERACION

Cada persona puede hacer ciertas cosas con gran facilidad y otras con mucha dificultad. Entre esos dos puntos está el *campo de operación*. Cuando se le quiere enseñar algo a una persona es importante saber su *campo de operación*. Así no se le enseñan cosas que son muy fáciles ni muy difíciles.

OPHTHALMOLO-GIST

OFTALMOLOGO

Doctor médico que puede curar enfermedades de los ojos, dar medicina para esas enfermedades y operar los ojos.

OPPOSITE, OPPOSITES

OPUESTO, PALABRAS OPUESTAS

Muchas veces uno quiere saber si una persona sabe el contrario de una palabra. Por ejemplo, si se dice "alto," la persona debe de contestar "bajo."

OPTOMETRIST

OPTOMETRISTA

Persona entrenada para ver si alguien necesita anteojos o lentes de contacto. Frecuentemente no es médico.

ORAL COMMUNICATION

COMMUNICACION ORAL

Cuando las personas se comunican por el habla en vez de escribir o señalar.

ORAL LANGUAGE

LENGUAJE ORAL

Lenguaje hablado (diferente del lenguaje escrito, del lenguaje leído, etc.)

ORAL READING COMPREHENSION

COMPRENSION DE LO QUE SE LEE EN VOZ ALTA

Entender lo que se lee en voz alta.

ORGANIC

ORGANICO

Algo que tiene que ver con el cuerpo o con los seres vivos.

ORTHOPEDICALLY HANDICAPPED

INCAPACITADOS ORTOPEDICOS, IMPEDIDOS ORTOPEDICOS

Personas dishabilitadas para quienes moverse es difícil. Muchas veces necesitan aparatos mecánicos para moverse.

OTHER HEALTH IMPAIRED

OTROS IMPEDIDOS DE LA SALUD

Frase general que se usa para nombrar dishabilidades físicas que no son comunes.

OVERPROTECTED **SOBREPROTEGIDO**

Niño con familia que lo protege demasiado, y se preocupa mucho por él. Muchas veces esto ocurre cuando los niños tienen una dishabilidad. Esto no es bueno porque se hace más difícil que estos niños aprendan a ser independientes.

OVERPROTECTIVE ENVIRONMENT **AMBIENTE SOBREPROTECTOR**

Cuando todo lo que rodea al niño lo protege demasiado y no le permite llegar a ser independiente.

OVERSTIMULA-TION **SOBRESTIMULATION**

Cuando demasiadas cosas ocurren en el ambiente, y el niño tiene dificultad para poner atención en algo específico.

P

PARALYSIS

PARALISIS

Cuando no se puede mover cierta parte del cuerpo o cuando no se siente nada en esa parte.

**PARANOIA;
PARANOIC**

PARANOIA; PARANOICO

Enfermedad mental en la que una persona cree que todos están en contra de él y que lo persiguen. Una forma de locura grave.

**PARAPLEGIA;
PARAPLEGIC**

PARAPLEGIA; PARAPLEGICO

Cuando las dos piernas de una persona están paralizadas.

**PARAPROFES-
SIONAL**

PARAPROFESIONAL

Persona que actúa como ayudante y trabaja bajo la dirección de una profesora o de un profesional.

**PARENT ADVISO-
RY COMMITTEE**

COMITE CONSEJERO DE PADRES DE FAMILIA

Grupo de padres que le ayuda al distrito escolar, dándole consejos acerca del programa de educación especial.

129

PARENT EDUCATION

EDUCACION PARA PADRES

Clases para los padres de niños que tienen dishabilidades. Se trata de enseñar a los padres acerca de las necesidades especiales de sus niños y de cómo ayudarles.

_____

_____

_____

PARENT-TEACHER CONFERENCE

REUNION ENTRE LA MAESTRA Y LOS PADRES DE FAMILIA, CONFERENCIA

Cuando se junta una maestra con los padres de un niño que está en la clase. Hablan del progreso o las dificultades que el niño tiene en la clase.

_____

_____

_____

PARENTING SKILLS

HABILIDADES PARA LA CRIANZA DE LOS NIÑOS

Todas las cosas que un padre y una madre necesitan saber para poder criar a un niño sano, contento y seguro.

_____

_____

PARENT RIGHTS

DERECHOS DE LOS PADRES

El poder que las leyes y las cortes les dan a los padres de familia sobre la crianza y educación de sus hijos.

_____

_____

_____

PARTIAL HEARING LOSS

PERDIDA PARCIAL DEL OIDO, SORDERA PARCIAL

Una dishablidad en la que se pierde la capacidad de oír. Normalmente se puede corregir con una maquinita en el oído.

_____

_____

_____

130

PART-WHOLE RELATIONSHIPS

RELACION ENTRE EL TOTAL Y PARTE DEL TOTAL, RELACION PARTE-TOTAL

Mucho de lo que se aprende se hace paso a paso. Una persona tiene que entender cómo todas las partes forman un total. Por ejemplo, cuando un niño lee, es importante que entienda cómo las diferentes partes de la palabra, o más bien las letras, forman un total, que es la palabra.

_____

_____

_____

PASSIVE

PASIVO

Persona que no parece tener mucha energía, que deja pasar las cosas.

_____

_____

_____

PASSIVE ACCEPTANCE

ACEPTACION PASIVA

Cuando una persona acepta las cosas como son, sin protestar, sin hacer preguntas.

_____

_____

_____

PASSIVE RESISTANCE

RESISTENCIA PASIVA

Cuando una persona está en contra de algo pero en vez de pelear, simplemente resiste. Por ejemplo, cuando se le manda a un niño que se lave las manos y el niño en vez de enojarse, no se lava las manos o lo hace mucho más tarde.

_____

_____

_____

PATTERNING

MODELAR, MOLDEAR

Enseñarle a una persona a hacer movimientos, especialmente una persona con retardo mental. Se hace que la persona repita muchas veces el mismo movimiento porque esto le enseña cómo realizar esa acción. También, se cree que esto es un buen ejercicio para el cerebro o la mente.

_____

_____

_____

131

PEER RELATIONSHIPS

RELACIONES CON MIEMBROS DE SU GRUPO

Cómo se lleva una persona con otras de su misma edad, su mismo grado, etc.

PEERS

COMPAÑEROS DEL MISMO GRUPO

Personas con quien un individuo tiene que tratar. Son de la misma edad, del mismo grado, etc.

PERCENT; PERCENTAGE

PORCIENTO; PORCENTAJE

Ei *porcentaje* es un número entre cero y cien. Indica el tamaño o el valor de una parte en comparación con el total de donde se quitó la parte. Por ejemplo, cuando un pedazo es tan grande como el total, se dice que el tamaño del pedazo es cien por ciento (100%). Si la parte es la mitad del total, se dice que es cincuenta por ciento (50%) del total.

PERCENTILE

PERCENTIL, PORCENTIL

Nota que se da en muchos exámenes. Esta nota es un número que trata de indicar cuánta gente ha sacado una nota menor que un individuo. Por ejemplo, si uno saca un percentil de 75, esto indica que ha calificado mejor que 75% de las demás personas.

PERCENTILE CONFIDENCE BAND

BANDA DE PERCENTIL

Cada nota que se le da a un niño en un exámen se puede expresar como un percentil, pero cada nota de un examen tieno ciertos errores. Por eso, mucha gente en vez de dar una nota o un número específico, prefiere dar una nota mínima y una nota máxima entre las cuales cae la verdadera nota del niño. Esto es la *banda de percentil*.

PERCEPTION   **PERCEPCION**

Todas las personas reciben información de sus alrededores. Esta información viene por los diferentes sentidos (los ojos, los oídos, etc.). Aunque todos tenemos los mismos sentidos, la impresión que tenemos del mundo muchas veces es diferente. Esta impresión es la *percepción*. Por ejemplo, dos niños oyen a un perro ladrando. Uno cree que ladra porque está enojado. El otro cree que ladra porque está contento. Los dos tienen una diferente *percepción* de la misma cosa.

PERCEPTUAL   **DESORDEN PERCEPTUAL**
DISORDER
Cuando la impresión que una persona tiene del ambiente está seriamente equivocada, confundida, o imaginada. Esto causa graves problemas al aprender o al comunicarse con otros.

PERCEPTUAL-   **DESARROLLO PERCEPTIVO-MOTRIZ**
MOTOR
DEVELOPMENT   Habilidad que un niño demuestra para coordinar sus impresiones del ambiente con sus acciones. Esta habilidad se mejora con los años. Por ejemplo, cuando un niño es muy tierno y ve un juguete, su impresión de ese juguete no es clara, ni puede dirigir su mano para cogerlo. Cuando tiene más años puede dirigir su mano y coger el juguete facilmente.

PERCEPTUAL   **PROBLEMAS PERCEPTUALES**
PROBLEMS
Problemas que una persona tiene con lo que siente y sus impresiones de todo lo que ve, oye, toca, etc.

133

PERCEPTUAL SPEED

VELOCIDAD PERCEPTUAL

La rapidez con que una persona reconoce algo que sucede en el ambiente.

_____

_____

_____

PERCEPTUAL STYLE

ESTILO DE PERCEPCION

La manera preferida que una persona tiene para observar y entender lo que sucede en el ambiente.

_____

_____

_____

PERFORMANCE

RENDIMIENTO

Lo que una persona demuestra que puede hacer.

_____

_____

_____

PERFORMANCE TEST

EXAMEN DE EJECUCION

(Véase NON-VERBAL TEST)

_____

_____

_____

PERINATAL

PERINATAL

Lo que sucede durante el parto (nacimiento) de un niño. A veces hay problemas durante este período que más tarde le hacen daño al niño, por ejemplo, cuando el doctor tiene que forzar al bebé para salir del cuerpo de la madre.

_____

_____

_____

PERSEVERATION

PERSEVERACION

Cuando el niño repite una palabra, frase o una acción aún cuando ya no es apropiada.

_____

_____

_____

PERSONALITY **PERSONALIDAD**

Toda la impresión que una persona da a los demás: su carácter, sus hábitos, su manera de tratar a la gente, etc. Todo lo que hace a una persona ser única.

**PERSONALITY
TEST**

TEST DE PERSONALIDAD

Examen que trata de medir la manera de ser o de actuar que una persona demuestra frecuentemente.

PERSONNEL **PERSONAL**

Toda la gente que trabaja en cierto sitio.

PETIT MAL **PETIT MAL**

Un pequeño ataque de epilepsia en que una persona tiembla, o se desmaya. Muchas veces no se notan estos ataques porque duran muy poco tiempo. Se pueden controlar con medicina.

PHARYNX **FARINGE**

La parte baja dentro del cuello por donde pasa la comida y el aire para respirar y hablar.

PHASE **FASE**

Cuando una persona se porta de cierta manera por un tiempo y luego deja de portarse así.

PHENYLKETONU-
RIA (PKU)

FENILQUETONURIA

Grave enfermedad que aparece desde el nacimiento y que puede causar retardo mental. Se puede controlar con dieta.

PHONATION

FONACION

Cuando el aire viene de los pulmones y pasa por las cuerdas vocales. Este aire hace que las cuerdas vibren (se muevan) y produzcan sonidos para platicar, cantar, etc.

PHONEME

FONEMA

Sonidos particulares que se usan al decir las palabras.

PHONEMIC
DEVELOPMENT

DESARROLLO FONEMICO

Manera como el niño aprende a hacer los sonidos que se usan para platicar.

PHONETIC

FONETICA

Todo lo que tiene que ver con los sonidos de las palabras.

PHONICS

METODO FONETICO

Manera para enseñarles a los niños a leer. Se les enseña la letra y el sonido que hace. Por ejemplo, *SSSS* es el sonido que hace la letra *s*.

PHONOLOGY　　**FONOLOGIA**

Estudio de los sonidos de un lenguaje.

PHYSICAL DEVELOPMENT　　**DESARROLLO FISICO**

La manera y la rapidez con que crece el cuerpo de una persona.

PHYSICAL EDUCATORS　　**MAESTROS DE EDUCACION FISICA**

Maestros que les enseñan a los niños a usar sus cuerpos y moverlos con facilidad y coordinación.

PHYSICAL HANDICAP　　**IMPEDIMENTO FISICO**

(Véase PHYSICALLY HANDICAPPED)

PHYSICALLY HANDICAPPED/ DISABLED　　**FISICAMENTE IMPEDIDO/DISHABILITADO**

Persona que no puede usar cierta parte de su cuerpo.

PHYSICAL THERAPY; PHYSICAL THERAPIST　　**TERAPIA FISICA; TERAPEUTA FISICO**

Maestro que les ayuda a los que tienen serias dishabilidades físicas a aprender a usar sus cuerpos.

PITCH DISORDERS

DESORDENES DE ENTONACION

Problemas al controlar el tono de la voz. La voz de personas que tienen este problema puede cambiar de un tono alto a un tono bajo durante su conversación.

PLACE

COLOCAR

(Véase EDUCATIONAL PLACEMENT)

PLACEMENT

COLOCACION

Cuando después de darle muchos exámenes a un niño, los padres y los maestros deciden en qué clase o programa el niño aprenderá mejor.

PLAYGROUND

PATIO DE RECREO, CAMPO DE JUEGOS

Donde los niños juegan en la escuela durante los recreos.

POLIOMIELITIS

POLIOMIELITIS, POLIO

Grave enfermedad que puede causar la pérdida de movimiento. La persona queda paralizada.

POOR IMPULSE CONTROL

POCO CONTROL DE IMPULSOS

Cuando una persona hace la primera cosa que se le antoja. Se porta como si no tuviera control. Cuando se trata de los niños, esto se ve en que no ponen atención, se enojan facilmente y en general no se portan bien.

_____

_____

_____

POOR PEER RELATIONSHIPS

RELACIONES MALAS CON SUS COMPAÑEROS

Cuando una persona se lleva mal con sus compañeros; no tiene amigos.

_____

_____

_____

POSITION IN SPACE

POSICION EN EL ESPACIO

Tiene que ver con la habilidad o el sentido que le dice a una persona en qué posición está el cuerpo, aun con los ojos cerrados.

_____

_____

_____

POSITIVE REINFORCEMENT

REFUERZO POSITIVO

Premiar al niño por algo que hace y que se quiere que siga haciendo. El premio puede ser cualquier cosa que le agrada al niño: la aprobación de los padres o de los maestros, algo de comer, un juguete, etc.

_____

_____

_____

POST-SCHOOL ADJUSTMENT

ADAPTACION POSTESCOLAR

La manera como una persona con dishabilidades logra adaptarse a vivir en el mundo del trabajo después de salir de la escuela.

_____

_____

_____

POSTNATAL

POSTNATAL

Lo que ocurre después del nacimiento.

_____

_____

_____

POTENTIAL

POTENCIAL

Toda la habilidad que una persona tiene, pero que tal vez no la usa. Por ejemplo, muchos niños parecen ser muy inteligentes pero sacan malas notas. Tienen el _potencial_ para sacar buenas notas.

_____

_____

_____

PRACTICE EFFECT

EFECTO DE LA PRACTICA

Entre más oportunidades tiene un estudiante para contestar un examen, más fácil se le hace. Muchas veces, este _efecto de la práctica_ le ayuda a un estudiante a sacar mejores notas.

_____

_____

_____

PRAGMATICS

PRAGMATICO, USO PRAGMATICO DEL LENGUAJE

Todas las maneras como una persona usa el lenguaje para comunicarse con los demás y las reglas que guían esta comunicación.

_____

_____

_____

PRECISION TEACHING

ENSEÑANZA CON PRECISION

Manera de enseñar a los niños cuando la maestra sabe lo que el niño necesita. La maestra tiene un plan muy exacto de lo que va a aprender el niño y cómo lo va a aprender, paso a paso. El plan educativo individual es una manera de _enseñar con precisión_.

_____

_____

_____

PREDICT

PREDECIR

Decir lo que va a pasar en el futuro. Se cree que muchos exámenes que se les dan a los niños *predicen* como les va a ir en la escuela.

PREDICTIVE VALIDITY (OF TESTS)

VALIDEZ PREDICTIVA DE LOS EXAMENES

Habilidad de ciertos exámenes para decir qué notas va a sacar un niño en la escuela en el futuro.

PREGNANCY

EMBARAZO

El tiempo que lleva la mujer al bebé dentro de su cuerpo.

PRELIMINARY REVIEW

REVISION PRELIMINAR

Primera junta de personas de la escuela para hablar acerca de los problemas de un niño y para decidir si va a ser necesario darle exámenes especiales.

PRELINGUAL DEAFNESS

SORDERA PRELINGUAL

Cuando se pierde el sentido de oír antes de aprender a hablar.

PRENATAL

PRENATAL

Antes del nacimiento.

PREOPERATIONAL STAGE (PIAGET)

PERIODO DE PREOPERACIONES

Entre los 2 y 8 años los niños empiezan a usar su inteligencia y su memoria para aprender cosas que tienen que ver con ideas. Empiezan a leer, a usar números, y a pensar. Sin embargo, su inteligencia es limitada porque lo que ven muchas veces domina lo que piensan. Por ejemplo, si hay dos vasos de agua con la misma cantidad de agua pero un vaso es más delgado y alto que el otro, el niño cree que el más alto tiene más agua.

PRESCHOOL PROGRAMS

PROGRAMAS PREESCOLARES

(Véase NURSERY SCHOOL)

PRESENT LEVEL OF FUNCTIONING

NIVEL PRESENTE DE FUNCIONAMIENTO

Lo que el niño demuestra que puede hacer *ahora*.

PRESENT LEVELS OF EDUCATIONAL PERFORMANCE

NIVELES PRESENTES DE RENDIMIENTO ESCOLAR

Lo que un niño sabe hoy y puede hacer con el trabajo de la escuela.

PREVALENCE (OF DISABILITIES)

FRECUENCIA TOTAL DE DISHABILIDADES

Número total de niños que tienen dishabilidades en cierto período (un año, por ejemplo).

PREVENTATIVE MEASURE

MEDIDA PREVENTIVA

Algo que se hace para que no suceda otra cosa; por ejemplo, cuando se guardan las medicinas para que un niño no las tome y se envenene.

PREVIOUS TESTING

EVALUACIONES ANTERIORES

Exámenes que se le han dado al niño hasta ahora,

PRIMARY LANGUAGE

LENGUA PRIMARIA, IDIOMA PRINCIPAL

Lengua que uno habla en casa. La lengua que uno habla primero en su vida.

PRIMER

LIBRO PREPRIMARIO/PRELECTURA

Primeros libros que se les dan a los niños en la escuela cuando empiezan a leer.

PRIOR NOTICE

NOTIFICACION PREVIA

El derecho de los padres de familia de recibir una noticia escrita acerca de cualquier cosa especial que la escuela quiera hacer con su hijo.

PRIVATE DAY SCHOOL

ESCUELA PRIVADA

Escuela privada para niños con dishabilidades. A veces se manda a un niño a esa escuela cuando la escuela pública no le puede dar todos los servicios.

PRIVATE RESIDEN-TIAL SCHOOL FACILITY

ESCUELA PRIVADA RESIDENCIAL

Escuela donde viven los niños que necesitan cuidado por las 24 horas. Casi siempre estas escuelas son para niños que tienen muy graves problemas físicos y muchas dishabilidades.

PROBE

TANTEAR

Forma de hacer preguntas cuando la respuesta de una persona no es clara.

PROCEDURAL SAFEGUARDS

PROTECCIONES DE PROCEDIMIENTO

El derecho que los padres de familia tienen de saber todos los pasos que se van a tomar para llegar a una decisión acerca de su niño. De esta manera los padres pueden participar, ayudar, o ponerse en contra de lo que quiere hacer la escuela.

PROFILE

PERFIL

Cuando se le dan exámenes a un niño y se hace un dibujo de las notas que sacó en los exámenes. Este dibujo presenta las cosas que el niño puede hacer bien y las cosas que hace mal.

144

PROGNOSIS;
PROGNOSTIC

PROGNOSIS; PROGNOSTICO

Lo que se cree que va a suceder en el futuro. Cuando se *trata de una enfermedad, un prognosis* dice si la persona se va a mejorar o empeorar. En el caso de la escuela, el *prognosis* dice lo que el niño va a poder lograr.

PROGRAM
SPECIALIST

ESPECIALISTA DE PROGRAMA

Maestro con mucha experiencia en enseñar a niños con necesidades especiales.

PROGRAMMED
INSTRUCTION

INSTRUCCION PROGRAMADA (EN MODULOS)

Lecciones pequeñas que se les dan a los niños y que enseñan la materia poco a poco. Después de cada lección se da un pequeño examen. Esto les dice al maestro y al niño cúanto se está aprendiendo.

PROJECTIVE
TEST

TEST PROYECTIVO

Cuando a una persona se le presenta algo que no está claro o que no tiene mucha forma, la mente trata de entender y explicar lo que no está claro. Al tratar de explicar esto, la persona usa ideas y cosas de su propia vida. Así se pueden ver cosas privadas y emocionales de la persona. Esto es lo que hace un *test proyectivo*. Por ejemplo, se le pide a un niño que complete una frase que comienza asi: "Mis papás son..."

PROMOTE

PROMOVER DE GRADO

Adelantar a un niño a un grado más alto porque es muy inteligente y sabe hacer el trabajo del nuevo grado, o porque tiene demasiados años para el grado bajo.

PRONUNCIATION **PRONUNCIACION**

La manera de usar las partes de la boca para hacer los sonidos de las palabras.

_____

_____

_____

PROSTHESIS **PROTESIS**

Aparato mecánico que hace los movimientos que una parte del cuerpo no puede hacer.

_____

_____

_____

PROTECTION IN EVALUATION **PROTECCION EN EVALUACION**

El derecho que los niños tienen de ser examinados con exámenes que son justos y con técnicas que trabajan bien

_____

_____

_____

PROTOCOLS **PROTOCOLOS, HOJAS DE CALIFICACION**

El papel en un examen donde se escriben las respuestas de un niño.

_____

_____

_____

PSYCHO-LINGUISTIC **PSICOLINGUISTICO**

Lo que tiene que ver con la habilidad mental que maneja todas las funciones necesarias para entender y usar el idioma.

_____

_____

_____

PSYCHOLOGICAL MEASUREMENT; PSYCHOLOGICAL TESTS **MEDICION PSICOLOGICA; PRUEBAS PSICOLOGICAS**

Los exámenes que se usan para medir las habilidades mentales de las personas.

_____

_____

_____

**PSYCHOLOGY;
PSYCHOLOGIST**

PSICOLOGIA; PSICOLOGO (A)

Estudio de cómo las personas piensan y se portan. Se dice que los psicólogos saben algo de esto.

_____

_____

_____

PSYCHOMETRICS

PSICOMETRIA

Diferentes técnicas que se usan cuando se trata de medir cómo se porta, piensa, y siente la gente.

_____

_____

_____

PSYCHOMOTOR

PSICOMOTRIZ

Esto se refiere a la habilidad del cerebro (mente) para dirigir al cuerpo y hacer que el cuerpo se mueva como el cerebro quiere. Niños que tienen problemas psicomotrices quieren hacer algo pero no pueden porque sus cuerpos no funcionan bien (según las órdenes del cerebro).

_____

_____

_____

**PSYCHOMOTOR
EPILEPSY
(SEIZURE)**

EPILEPSIA PSICOMOTRIZ

Enfermedad en la que el cuerpo se mueve sin que uno quiera y sin que uno se acuerde de los que pasó.

_____

_____

_____

**PSYCHOMOTOR
EDUCATION;
PSYCHOMOTOR
TRAINING**

EDUCACION PSICOMOTRIZ; ENTRENAMIENTO PSICOMOTOR

Enseñarle a un niño cómo lograr que su cuerpo haga lo que él quiere.

_____

_____

_____

147

PSYCHOSOMATIC **PSICOSOMATICO**

Dolor o una enfermedad que uno siente no por algo malo en el cuerpo sino por algo en la mente. Creer que uno está enfermo cuando no lo está.

_____

_____

_____

PSYCHOTIC **PSICOTICO**

Enfermedad muy grave de la mente en la que una persona pierde contacto con la realidad y se porta de una manera muy extraña. Una clase de locura que necesita atención médica y por la cual a veces es necesario poner a la persona en un hospital.

_____

_____

_____

PUBERTY **PUBERTAD**

Cuando el cuerpo de un niño o niña, como a los 12 o 13 años, se empieza a madurar física y sexualmente.

_____

_____

_____

PUBLIC ASSIS- **PROGRAMAS DE AYUDA PUBLICA**
TANCE PROGRAMS
Programas por los cuales el gobierno le ayuda a la gente pobre, dándole dinero, comida, o servicios especiales.

_____

_____

_____

PUBLIC LAW 94- **LEY PUBLICA 94-142, EL ACTO PARA LA EDUCA-**
142, EDUCATION **CION DE TODOS LOS NIÑOS DISHABILITADOS**
FOR ALL HANDI-
CAPPED CHILDREN Ley del gobierno federal de los Estados Unidos de 1975,
ACT que les garantiza a todos los niños con dishabilidades una educación en las escuelas públicas sin ningún costo a los padres. También se les garantiza un plan educativo individualizado, exámenes sin prejuicio, clases con niños que no tienen dishabilidades, y protección de los derechos de los padres.

_____

_____

**PUBLIC RESIDEN-
TIAL SCHOOL
FACILITY**

ESCUELA PUBLICA RESIDENCIAL

Escuela del estado para niños con graves dishabilidades
que necesitan cuidado las 24 horas del día.

_____

_____

_____

PUNISHMENT

CASTIGO

Lo que se hace cuando uno quiere que el niño no vuelva a
hacer algo.

_____

_____

_____

Q

QUADRAPLEGIC   **CUADRAPLEGICO**

Alguien que no tiene movimiento en los brazos ni en las pier-nas.

R

RANDOM SAMPLE   **MUESTRA AL AZAR**

Cuando se quiere saber algo acerca de las personas de un grupo muy grande, se escoge un grupo pequeño del grupo mayor de tal manera que el grupo pequeño se parezca mucho al grupo mayór. Esto se hace dándoles a todos la misma oportunidad de ser escogidos para el grupo pequeño. Por ejemplo, se quiere saber cuánto le gusta a la gente el presidente de los EE.UU. No se les hace la pregunta a todos los ciudadanos, sino a un grupo de ellos, escogidos de todas partes. Esa muestra de opinión, la del grupo menor, nos da una buena idea de cómo piensa el país entero acerca de su presidente.

RANGE   **RANGO, DISPERSION**

Cuando muchos niños han tomado un examen, el rango es la distancia entre la nota más baja y la nota más alta.

RH FACTOR, RH INCOMPATIBILITY   **INCOMPATIBILIDAD SANGUINEA**

Cuando la sangre de la madres es diferente de la sangre del bebé que carga en su estómago (vientre). Esto puede causar que el niño nazca con retardo mental. Se puede corregir esta condición con atención médica antes del nacimiento.

RAPPORT   **SIMPATIA, AFINIDAD**

Antes de darle un examen o trabajar con un niño es importante que el niño se sienta cómodo. Así hará el mejor trabajo posible. Hacerle cómodo es lo que se llama *establecer afinidad o simpatía*.

151

RAW SCORE **PUNTUACION BRUTA, PUNTUACION CRUDA, CA- LIFICACION DIRECTA**

Número de preguntas que un niño contesta bien en un exa- men (sin comparar estas notas con ninguna otra).

REACTION TIME **TIEMPO DE REACCION**

Tiempo que tarda una persona para responder a algo.

READING COMPREHENSION **COMPRENSION AL LEER**

La habilidad de entender lo que se lee.

READING LEVEL **NIVEL DE LECTURA**

Cuánta habilidad para leer demuestra un niño.

READING READINESS **PRELECTURA**

Actividades que se usan en la clase para preparar a los niños a leer.

RECOMMENDA- TIONS **RECOMENDACIONES**

Lo que uno sugiere, lo que una quisiera que se hiciera.

RECEPTIVE LANGUAGE

LENGUAJE RECEPTIVO

Todo el lenguaje que uno entiende, ya sea hablado o escrito.

RECEPTIVE VOCABULARY

VOCABULARIO RECEPTIVO

Las palabras que uno puede entender.

RECREATIONAL THERAPIST

TERAPEUTA RECREACIONAL

Persona que le enseña a la gente con dishabilidades a mover su cuerpo y realizar actividades físicas.

REFERRAL; REFER

REFERIMENTO; REFERIR

Cuando una persona que conoce al niño pide que se le den exámenes especiales porque el niño tiene problemas de aprendizaje.

REFERRAL QUESTION

PREGUNTA DE REFERIMIENTO

Pregunta que se hace acerca de por qué el niño no puede aprender. Los exámenes especiales que se le dan al niño tratan de contestar esta pregunta.

REGISTER

INGRESAR, MATRICULAR

Hacer lo necesario para que entre un niño a un programa o una escuela.

REGULAR CLASS   CLASE REGULAR, CLASE TIPICA

Clase donde están los niños que no tienen dishabilidades.

REHABILITATION   **REHABILITACION**

Toda la ayuda especial que se le da a una persona con dishabilidades para que aprenda a vivir independientemente.

REINFORCEMENT;   **REFUERZO; REFORZAR**
REINFORCE

Premio o recompensa que se le da a la persona para que se porte de cierta manera.

REJECT   **RECHAZAR**

No aceptar.

RELATED   **SERVICIOS RELACIONADOS**
SERVICES

Todas las diferentes cosas que se le dan al niño que tiene dishabilidades además de su programa en la escuela. Por ejemplo, a un niño ciego se le enseña cómo caminar por la calle, además de las diferentes materias de la escuela.

RELIABILITY   **CONFIABILIDAD**

La habilidad de un examen para medir la misma cosa cada vez que se da.

RELIABILITY COEFFICIENT

COEFICIENTE DE CONFIABILIDAD

Número que indica cuánta confianza se puede poner en un examen. Los coeficientes de .8 y .9 indican que el examen mide más o menos la misma cosa cada vez que se da. Si el coeficiente es menor de .7, el examen no merece mucha confianza.

REMEDIAL READING

LECTURA REMEDIADORA

Ayuda especial que se da a los niños que tienen dificultad para leer.

REMEDIATION

REMEDIACION

Ayudarle a una persona a mejorar lo que puede hacer.

REWARD

RECOMPENSA, PREMIO

Premio.

REPORT

INFORME, REPORTE

Lo que se escribe acerca de cómo un niño se porta en la clase, las notas que saca, y los resultados de exámenes que ha tomado.

REPORTOIRE

REPERTORIO

Todas las habilidades o talentos que tiene una persona.

REPRESS **REPRIMIRSE, CONTENERSE**

Cuando la persona no demuestra la emoción que siente.

_____

_____

_____

REQUIREMENTS **REQUISITOS, REQUERIMIENTOS**

Reglas que dicen lo que uno tiene que saber o tener antes de poder hacer algo.

_____

_____

_____

RESIDENTIAL SCHOOL **ESCUELA RESIDENCIAL**

Escuela donde el niño vive por que necesita cuidado durante las 24 horas.

_____

_____

_____

RESOURCE ROOM **SALON DE RECURSOS**

Salón en el cual el niño recibe ayuda especial por parte del dia por una persona que es especialista en lo que necesita el niño.

_____

_____

_____

RESOURCE SPECIALIST **ESPECIALISTA EN RECURSOS**

Especialista en California que trabaja con niños que tienen dificultades para aprender. También les ayuda a los otros maestros.

_____

_____

_____

RESOURCE SPECIALIST PROGRAM

PROGRAMA DE ESPECIALISTAS EN RECURSOS PARA LA EDUCACION ESPECIAL

Programa especial de California que trata de proveer especialistas de recursos para todos los niños que necesitan educación especial.

_____

_____

_____

RESPONSIBILITY

RESPONSABILIDAD

Hacer las cosas que uno debe de hacer, sin que otros se las recuerdan. Se espera que todos los niños aprendan a tener _responsabilidad_.

_____

_____

_____

RESTLESS

INQUIETO, INTRANQUILO

Persona que se mueve constantemente, o no se queda quieto por mucho tiempo.

_____

_____

_____

RESULTS OF TESTING

RESULTADOS DE LA EVALUACION

Lo que se descubrió en los exámenes.

_____

_____

_____

RETAIN; RETENTION

RETENER; RETENCION

Cuando no se le pasa al niño al siguiente grado en la escuela. Tiene que repetir el grado.

_____

_____

_____

RETARDATION

RETARDO, RETRASO

Algo que crece demasiado despacio.

_____

_____

_____

REVERSAL	**INVERSION**
	Hacer aldo al revés. Por ejemplo, algunos niños cuando son pequeños escriben números al revés, asi: Ɛ,ς

RIGHT HANDED; LEFT HANDED	**DIESTRO; ZURDO**
	(Véase LEFT HANDED; RIGHT HANDED)

RIGHT-LEFT ORIENTATION	**NOCION DE DERECHA-IZQUIERDA**
	Saber cuál es el lado derecho y el lado izquierdo.

RIGIDITY	**RIGIDEZ**
	Cuando la persona no quiere cambiar y sigue haciendo o pensando algo aunque ya no sirve.

RITUALISTIC BEHAVIOR	**COMPORTAMIENTO RITUALISTICO**
	Cuando una persona en ciertas situaciones tiene que repetir ciertas acciones antes de seguir con otra cosa; por ejemplo, cuando uno siempre tiene que sacarle la punta al lápiz antes de hacer una tarea, aún cuando no es necesario.

ROLE	**ROL, PAPEL**
	Actuar de cierta manera en cierta situación. Por ejemplo, unos niños se portan bien en la casa, pero muy mal en la escuela.

ROTATIONS

ROTACIONES

Cuando un niño da vueltas a ciertas letras o dibujos. Por ejemplo, en vez de escribir R escribe ᴙ o ᴚ .

RUBELLA

(Véase GERMAN MEASLES)

RUDE

RUDO, MAL EDUCADO

No tenerle respeto a la gente; portarse mal.

S

SAMPLE

MUESTRA

Cuando se quiere saber algo acerca de las personas de un grupo muy grande, se escoge un grupo pequeño del grupo mayor de tal manera que el grupo pequeño se parezca mucho al grupo mayor.

SCHIZOPHRENIC

ESQUIZOFRENIA

Grave enfermedad mental en la cual la persona pierde el contacto con la realidad y el control sobre su personalidad. Una locura muy seria.

SCHOOL ACHIEVEMENT

APROVECHAMIENTO/LOGRO/RENDIMIENTO ESCOLAR

Lo que el niño ha logrado aprender en la escuela.

SCHOOL ADMINISTRATOR

ADMINISTRADOR DE LA ESCUELA

Uno de los directores de la escuela.

SCHOOL APPRAISAL TEAM

COMITE DE EVALUACION DE LA ESCUELA

Pequeño grupo de personas de la escuela que se reunen para hablar de los niños que tienen problemas para aprender. Este grupo planea para ellos un nuevo programa de clases. Existe en California.

SCHOOL COUNSELOR

CONSEJERO ESCOLAR

Persona que ayuda a los estudiantes a resolver sus problemas.

_____

_____

_____

SCHOOL DISTRICT

DISTRITO ESCOLAR

Todas las escuelas de un área fija que están bajo la dirección do la gonto quo vivo allí.

_____

_____

_____

SCHOOL FILES

ARCHIVOS ESCOLARES

Donde se guarda toda la información sobre los niños en la escuela.

_____

_____

_____

SCHOOL HISTORY

HISTORIA ESCOLAR

Toda la información acerca de lo que ha hecho un niño en la escuela.

_____

_____

_____

SCHOOL PSYCHOLOGIST

PSICOLOGO ESCOLAR

Persona que trabaja en las escuelas, ayudándoles a los estudiantes que tienen problemas emocionales o mentales. El psicólogo escolar da exámenes a los estudiantes para ver si necesitan educación especial.

_____

_____

_____

SCORES

PUNTUACIONES, CALIFICACIONES, PUNTAJES

Notas que una persona saca en los exámenes.

_____

_____

_____

SCORING PROTOCOLS

PROTOCOLS DE CALIFICACION

Papel donde se escriben las respuestas que una persona da en un examen.

SCREENING; SCREEN

IDENTIFICACION; IDENTIFICAR

Cuando se dan exámenes para encontrar a los niños que posiblemente tienen problemas o talento especial.

SELF-ACCEPTANCE

AUTOACEPTACION, ACEPTACION PROPIA

Cuando uno está contento consigo mismo; no siente la necesidad de cambiar para agradar a la gente.

SELF CARE

AUTOCUIDADO

Cuando la persona se cuida a sí misma: se viste, se lava, se prepara la comida, se mantiene, etc.

SELF-CONCEPT

AUTOCONCEPTO, CONCEPTO DE SI MISMO

Opinión que uno tiene de sí mismo.

SELF-CONTAINED SPECIAL CLASS

CLASE ESPECIAL SEPARADA

Clase para niños que tienen cierto tipo de dishabilidad. La maestra es una experta en enseñar a niños con esa dishabilidad. Allí los niños reciben instrucción la mayor parte del día. La clase está separada de las otras clases regulares.

SELF-CONTROL **AUTOCONTROL, CONTROL PERSONAL**

Control personal; saber controlarse.

_____

_____

_____

SELF-DESTRUC- **AUTODESTRUCTIVO**
TIVE
Cuando un niño se hace daño frecuentemente a sí mismo.
Muchas veces esto indica que tiene serios problemas emo-
cionales.

_____

_____

_____

SELF-DIRECTED **AUTODIRECTIVO**

Cuando una persona sabe lo que tiene que hacer y lo hace
sin que nadie se lo diga.

_____

_____

_____

SELF-DISCIPLINE **AUTODISCIPLINA, DISCIPLINA PERSONAL**

Cuando una persona se controla a sí misma.

_____

_____

_____

SELF-DIRECTED **ACTIVIDADES AUTONOMAS**
ACTIVITIES
Actividades en la clase en que el niño tiene que hacer su tra-
bajo solo.

_____

_____

_____

SELF-ESTEEM **AUTOESTIMA**

Cuando una persona se aprecia a sí misma.

_____

_____

_____

SELF-HELP　　　**AUTOAYUDA, AYUDA PROPIA**

Cuando una persona se ayuda a sí misma; no depende demasiado de los demás.

_____

_____

_____

SELF-IMAGE　　　**AUTOIMAGEN, IMAGEN PERSONAL**

Cómo una persona se ve a sí misma.

_____

_____

_____

SELF-MUTILATION;　**AUTOMULITACION; AUTOMUTILADOR**
SELF-MUTILATING
　　　　　　　　　Cuando una persona se hace daño físico a sí misma.

_____

_____

_____

SELF-RELIANT　　　**AUTOSEGURO**

Persona que tiene confianza en sí mismo; no tiene que depender de los demás.

_____

_____

_____

SELF-RESPECT　　　**AUTORESPETO**

Tener respeto de sí mismo.

_____

_____

_____

SELF-　　　　　　**AUTOESTIMULADOR**
STIMULATING
　　　　　　　　　Cuando una persona no le pone mucha atención a lo que hay en el ambiente, sino que se da sensaciones a sí misma, como tocarse, verse, platicarse, etc.

_____

_____

_____

**SELF-
SEGREGATION**

AUTOSEGREGACION

Cuando una persona frecuentemente se separa de los demás.

**SELF-
SUFFICIENCY**

AUTOAYUDA, AUTOSUFICIENCIA

Cuando la persona puede cuidarse a sí misma.

SENSORIMOTOR

SENSORIMOTRIZ

Este nombre se le da a todo lo que tiene que ver con el proceso de recibir información por los sentidos y responder a esa información. Por ejemplo, cuando un niño ve una pelota y mueve la mano para cogerla.

SEQUENCE

SECUENCIA, ORDENAMIENTO, ORDEN, SERIE

Orden en que cierta cosa está arreglada.

**SEQUENTIAL-
AUDITORY
MEMORY**

MEMORIA AUDITIVA SECUENCIAL

Habilidad de recordar de lo que se ha oído en el orden en que se oyó, por ejemplo, cuando alguien le dice un número de teléfono, y uno se puede acordar del orden de esos números y marcarlo bien.

SENSORIMOTOR STAGE (PIAGET)

PERIODO SENSORIMOTRIZ

Los primeros 2 años de la vida de un niño cuando aprende a mover su cuerpo y a mover las cosas.

SERIOUSLY EMOTIONALLY DISTURBED; SEVERE EMOTIONAL DISTURBANCE

EMOCIONALMENTE DISHABILITADO; SEVERO TRASTORNO EMOCIONAL

Persona con graves problemas emocionales.

SEVERE HEARING LOSS

PERDIDA SEVERA DE AUDICION

Cuando una persona ha perdido casi toda la habilidad de oír.

SEVERELY MULTI-HANDICAPPED

IMPEDIDO MULTIPLE SEVERO, PERSONA CON IMPEDIMENTOS MULTIPLES Y SEVEROS

Persona con graves problemas físicos o emocionales, o una combinación de los dos.

SEVERELY RETARDED

RETARDADO MENTAL SEVERO

Persona que necesitará mucha ayuda por toda su vida para aprender y vivir.

166

SEVERELY SPEECH HANDICAPPED

SEVERAMENTE IMPEDIDO DEL HABLA

Problema muy grave con el habla que le hace casi imposible a una persona comunicarse con otros. La persona necesita bastante ayuda.

SHAPING

FORMAR, MODULAR

Cuando la maestra premia al niño, paso a paso, hasta que el niño se porta de la manera deseada.

SHELTERED WORKSHOP

TALLER PROTEGIDO

Sitio de trabajo para personas con dishabilidades donde con mucho cuidado se les enseña a trabajar.

SHORT-TERM INSTRUCTIONAL OBJECTIVE

OBJETIVO INSTRUCCIONAL DE CORTO PLASO

Parte del plan educativo de un niño excepcional que dice lo que el niño podrá hacer después de poco tiempo, por ejemplo, cuando se dice que "Juanito podrá nombrar todos los colores en tres semanas."

SHORT-TERM MEMORY

MEMORIA DE CORTO PLAZO, MEMORIA INMEDIATA

Habilidad de recordar algo que sucedió hace poco tiempo.

SHY   **TIMIDO**

Persona a quien parece que no le gusta platicar o tratar con otros.

_____

_____

_____

SIBLING ORDER   **ORDEN DEL NACIMIENTO DE LOS HIJOS**

_____

_____

_____

SIGHT WORDS   **PALABRAS QUE SE LEEN A "GOLPE DE VISTA", "A PRIMERA VISTA"**

Palabras que se usan en los grados primarios para enseñarles a los niños a leer. No se pide que se fijen en los sonidos individuales de las letras, sino que memorizen las palabras enteras.

_____

_____

_____

SIGNIFICANT   **SIGNIFICATIVO**

Cuando algo es importante y verdadero.

_____

_____

_____

SIGNIFICANT PROGRESS   **PROGRESO SIGNIFICATIVO**

Cuando se ve que la persona ha logrado avanzar o mejorar.

_____

_____

_____

SIGNING   **DACTILOLOGIA, METODO MANUAL DE HABLAR, ALFABETO MANUAL, SIGNOS MANUALES**

Manera como los sordomudos se comunican. Se usan las manos para formar los signos de las letras y de las palabras.

_____

_____

_____

168

SILENT READING COMPREHENSION	**COMPRENSION AL LEER EN SILENCIO, COMPRENSION DE LO LEIDO EN SILENCIO**

Cuando una persona entiende lo que lee en silencio, sin decir las palabras en voz alta.

_____

_____

_____

SIMILARITIES	**SEMEJANZAS**

Lo que es igual entre dos o más cosas

_____

_____

_____

"SIX-HOUR RE- TARDED CHILD"	**NIÑO "RETARDADO DE SEIS HORAS"**

Cuando se da a un niño el nombre "retardado" en la escuela, pero en la casa o el vecindario nadie le conoce como retardado. Esto ocurre cuando el examen de inteligencia que se da al niño trae demasiado error o es discriminatorio.

_____

_____

SKEW	**COLEO, ASIMETRIA**

Cuando las notas de un examen en vez de agruparse alrededor de una nota mediana, se agrupan alrededor de una más alta o más baja.

_____

_____

_____

SKILLS	**HABILIDADES, DESTREZAS**

Cosas que una persona puede hacer bien con mucha facilidad.

_____

_____

_____

169

SKIP A GRADE **AVANZAR UN GRADO, SALTAR UN GRADO**

Cuando se pasa al niño a un grado más alto porque sabe mucho o tiene muchos años de edad.

SLOW LEARNER **NIÑO QUE APRENDE DESPACIO**

Niño que tiene un ritmo lento de aprender.

SOCIABILITY **SOCIABILIDAD**

Habilidad de llevarse bien con otros.

SOCIAL ADAPTATION **ADAPTACION SOCIAL**

Habilidad de portarse con otra gente de una manera aceptable y buena en diferentes situaciones.

SOCIAL BEHAVIOR **COMPORTAMIENTO SOCIAL**

La manera como una persona se lleva con la gente.

SOCIAL INTER-ACTION **INTERACCION SOCIAL**

La forma como una persona se lleva con la gente.

SOCIAL MALADAPTACION

MALA ADAPTACION SOCIAL

Cuando una persona tiene problemas al tratar a otros o en llevarse bien con otra gente en diferentes situaciones.

SOCIAL MATURITY

MADUREZ SOCIAL

Cuando un niño se porta como si fuera mayor de lo que es.

SOCIAL NONCONFORMITY

DISCONFORMIDAD SOCIAL

Cuando se ve que la persona no se porta como los demás y así lo quiere.

SOCIAL WORKER

TRABAJADOR SOCIAL

Persona que trabaja con el niño y su familia para resolver problemas.

SOCIALIZATION

SOCIALIZACION

La manera como un niño aprende a llevarse bien con la gente. Las costumbres que una persona tiene que aprender para ser aceptada en la comunidad. Lo que aprende el niño con sus padres o substitutos.

SOCIALLY MALADJUSTED

MALAJUSTADO SOCIALMENTE

Persona que no se lleva bien con la gente, a quien no se le puede tener confianza. No sigue las reglas sociales de la comunidad.

171

SOCIOECONOMIC CLASS

CLASE SOCIOECONOMICA

Según la cantidad de dinero que una familia gana se dice que pertenece a la clase baja (tiene poco dinero), la clase media (tiene tanto dinero como la mayoría), o la alta (tiene muchisimo dinero)

SOCIO ECONOMIC STATUS

ESTATUS SOCIOECONOMICO

(Véase SOCIOECONOMIC CLASS)

SOCIOGRAM

TECNICA SOCIOMETRICA

Dibujo que enseña cierta actividad de cada persona de un grupo. Por ejemplo, en una clase de niños, a veces uno quiere saber con quién platican los niños. Por medio de un dibujo en el que se anotan las diferentes conversaciones y entre quiénes se realizan, se puede ver cuáles son los niños que tienen mucha popularidad y cuáles son los que no hablan mucho.

SORT

AGRUPAR

Decidir qué cosas van juntas.

SPATIAL FACTOR

FACTOR ESPACIAL

Los exámenes de inteligencia son de dos clases. Unos ven cuánta inteligencia una persona tiene por medio de cómo esa persona usa el lenguaje. Otros ven lo mismo por medio de cómo las personas pueden ver lo que es diferente o lo que es igual de las cosas en ciertos dibujos. El *factor espacial* se refiere a lo que la segunda clase de exámenes miden.

SPATIAL ORIENTATION

ORIENTACION ESPACIAL

Habilidad de una persona de saber dónde está el lado izquierdo, el derecho, lo de arriba, lo de abajo, etc.

SPATIAL RELATIONSHIPS

RELACIONES ESPACIALES

Habilidad de ver cómo dos o más cosas o dibujos están colocadas y poder decir en que orden están.

SPANISH-SPEAKING

DE HABLA HISPANA, HISPANOPARLANTE

Los que hablan español.

SPASTICITY

ESPASTICIDAD

Cuando los musculos del cuerpo se endurecen sin que uno lo quiera,cómo en un calambre.

SPECIAL DAY SCHOOL; SPECIAL DAY CLASS

ESCUELA ESPECIAL DE DIA; CLASE ESPECIAL DE DIA

Escuela o clase especial para niños con dishabilidades donde se les da clase por la mayor parte del día.

SPECIAL CLASS

CLASE ESPECIAL

Clase para niños de una dishabilidad con una maestra experta en esa dishabilidad. Algunos de los niños pueden recibir parte de sus clases en el programa regular.

SPECIAL EDUCATION

EDUCACION ESPECIAL

Instrucción y ayuda especial para niños con dishabilidades que se les ofrece sin ningún costo. En la educación especial todos los niños tienen un programa educativo individualizado. (Véase INDIVIDUAL EDUCATION PLAN)

_____

_____

_____

SPECIFIC LEARNING DISABILITY

DISHABILIDAD ESPECIFICA DE APRENDIZAJE

Cuando un niño tiene una inteligencia normal pero se le hace muy difícil aprender y sacar buenas notas porque tiene una dishabilidad que no le permite aprender bien.

_____

_____

_____

SPEECH CLINICIAN

CLINICO DEL HABLA

(Véase SPEECH PATHOLOGIST)

_____

_____

_____

SPEECH DEFECT

DEFECTO DEL HABLA

Cualquier problema con el habla que le hace difícil a la persona hablar o ser entendida.

_____

_____

_____

SPEECH DISORDER

TRASTORNO DEL HABLA

(Véase SPEECH DEFECT).

_____

_____

_____

SPEECH IMPAIRED

IMPEDIDO DEL HABLA

Cuando una persona tiene problemas al hablar.

_____

_____

_____

SPEECH IMPEDIMENT

IMPEDIMENTO DEL HABLA

(Véase SPEECH DEFECT).

_____

_____

_____

SPEECH PATHOLOGIST

PATOLOGO DEL HABLA

Experto que sabe mucho de los trastornos del habla. Sabe ayudarle a personas con estos problemas.

_____

_____

_____

SPEECH PATHOLOGY

PATOLOGIA DEL HABLA

Estudio y tratamiento de los trastornos del habla.

_____

_____

_____

SPEECH PROBLEM

DEFECTO DEL HABLA

Problema con el habla que una persona tiene, que le hace difícil platicar con la gente. Muchas veces se pueden tratar estos problemas con ayuda especial.

_____

_____

_____

SPEECH THERAPIST

TERAPEUTA DEL HABLA

Experto que conoce bien los trastornos del habla. Sabe tratarlos con ayuda especial.

_____

_____

_____

SPEECH THERAPY

TERAPIA DEL HABLA

Tratamiento de los trastornos del habla.

_____

_____

_____

SPINA BIFIDA

ESPINA BIFIDA

Enfermedad que un niño trae desde el nacimiento en que no se ha cerrado parte de la espina dorsal. Causa la pérdida de movimiento de las piernas y a veces, la pérdida de control para ir al baño.

SPONTANEOUS SPEECH SAMPLE

MUESTRA DE LENGUAJE ESPONTANEO

Cuando se escribe lo que dice una persona durante una conversación normal. Se usa la *muestra de lenguaje espontáneo* para evaluar el lenguaje de la persona.

STABLE

ESTABLE

Que no cambia mucho.

STANDARDS

ESTANDARES

Reglas que dicen cómo las personas deben de portarse cuánto tienen que lograr.

STANDARD DEVIATION

DESVIACION ESTANDAR

Cuando se les da un examen a mucha gente, a veces las notas salen muy juntas. A veces, las notas salen muy separadas. La *desviación estandard* es el número que nos dice si las notas están muy juntas o separadas.

STANDARD ERROR

ERROR ESTANDAR

La nota que una persona saca en un examen no es necesariamente lo que esa persona puede hacer en ese examen. El *error estándard* nos dice más o menos los puntos entre los cuales puede estar la nota que indica lo que la persona sí puede sacar. Por ejemplo, si alguien saca una nota de 100, y el error estándar es 5, esto quiere decir que hay una buena probabilidad que la nota verdadera esté entre 95 y 105.

STANDARD ERROR OF MEASUREMENT

ERROR ESTANDAR DE MEDICION

Cada nota de cada examen tiene cierto error. El *error estandar* de medición es una manera de controlar este error. (Véase STANDARD ERROR).

STANDARD LANGUAGE

LENGUAJE ESTANDAR

Manera cómo se habla un lenguaje en la escuela, en la televisión, en la iglesia, o en los negocios.

STANDARD SCORES

PUNTUACIONES ESTANDAR, CALIFICACIONES ESTANDARIZADAS

Cuando las notas de un examen se escriben en términos de la desviación estándar. Por ejemplo, un examen tiene un promedio de 50, y una desviación estándar de 10. Si un niño saca una nota de 55, esta nota es media desviación estándar arriba del promedio. La nota se escribirá como .5.

STANDARDIZA- TION

ESTANDARIZACION

Cuando las instrucciones para dar un examen se tienen que seguir sin ningún cambio.

STATE AID   **AYUDA DEL ESTADO**

Dinero que el estado, como Texas, les da a los distritos escolares, o a las escuelas, o a las agencias de la comunidad, o a los padres para la educación especial.

_____

_____

_____

STATE EDUCATION AGENCY   **AGENCIA EDUCACIONAL DEL ESTADO**

Parte del gobierno del estado que les ayuda a las escuelas a cumplir con las reglas del estado y del gobierno federal en la educación para niños con necesidades especiales.

_____

_____

_____

STATE INSTITUTION   **INSTITUCION DEL ESTADO**

Escuela u hospital del estado donde se les dan clases a personas con muy serias dishabilidades. Normalmente las personas viven alli la mayor parte del tiempo.

_____

_____

_____

STATE PLAN   **PLAN DEL ESTADO**

Plan que el estado escribe acerca de cómo va a usar el dinero que le da el gobierno federal para la educación especial de los niños.

_____

_____

_____

STATUS   **ESTATUS, POSICION SOCIAL**

Posición social que una persona tiene por el dinero que gana o el trabajo que hace.

_____

_____

_____

(TO) STEREOTYPE; STEREOTYPE

ESTEREOTIPAR; ESTEREOTIPO

Tener una mala opinión de cierta clase o grupo de personas, y tratar a una persona según esta mala opinión. Por ejemplo, si uno cree que todas las personas con dishabilidades no pueden ser independientes, es posible que trate a una persona con dishabilidad con lástima o tal vez sin respeto.

_____

_____

_____

STIGMATIZED; STIGMA

ESTIGMATIZADO; ESTIGMA

Opinión muy negativa, muy mala (que muchas veces causa daño) acerca de grupos o personas.

_____

_____

_____

STIMULATING CULTURAL ATMOSPHERE/ ENVIRONMENT

AMBIENTE CULTURAL ESTIMULANTE

Cuando el hogar y la comunidad le ofrecen al niño muchas experiencias y muchas oportunidades para aprender.

_____

_____

_____

STIMULI

ESTIMULOS

Todo lo que está en el ambiente que puede hacer que una persona responda.

_____

_____

_____

STRENGTHS; WEAKNESSES

AREAS FUERTES; AREAS DEBILES

Lo que puede hacer muy bien una persona y lo que le cuesta hacer.

_____

_____

_____

STRESS

ESTRES, TENSION

Lo que hace a una persona sentirse nerviosa, tensa, bajo presión.

_____

_____

_____

STRUCTURE OF INTELLECT

ESTRUCTURA DEL INTELECTO

Ciertas personas creen que la inteligencia humana está compuesta de muchas habilidades. Unos dirían que hay hasta 120 de ellas. Estas forman un mapa complicado de las diferentes habilidades que se pueden usar cuando uno se pone a pensar.

_____

_____

_____

STUDENT-TEACHER INTERACION

INTERACCION MAESTRO-ALUMNO

Como la maestra y el estudiante se llevan, como se tratan.

_____

_____

_____

STUTTERING; STUTTER

TARTAMUDEZ; TARTAMUDEAR

Problema al hablar en el que la persona a veces no puede terminar la palabra, y repite y repite partes de ella.

_____

_____

_____

SUBSTITUTION (SPEECH THERAPY)

SUSTITUCION

Problema del habla en el que una persona usa un sonido incorrecto en lugar del correcto. Por ejemplo, un niño usa el sonido "ca" cuando debe usar el sonido "ta." Por eso el niño dice "talor" en lugar de "calor."

_____

_____

_____

SUBTEST	**SUBTESTS, SUBPRUEBAS**

Ciertos exámenes están compuestos de muchos exámenes pequeños. Estos pequeños exámenes se llaman *subtests* o *subpruebas*.

SUCCESSIVE APPROXIMATIONS	**APROXIMACIONES SUCESIVAS, MOLDEAMIENTO POR APROXIMACIONES**

Cuando uno quiere cambiar la manera como se porta un niño, uno tiene que saber qué tipo de cambio se desea. Entonces, poco a poco, se le dan premios por lo que hace el niño si se acerca más y más al cambio que uno quiere.

SUE	**ENJUICIAR**

Cuando se pide a una corte de ley que castigue a una persona o a una organización por el mal personal que se ha hecho a alguien.

SUMMARY	**SUMARIO, RESUMEN**

Manera de contar o escribir algo muy brevemente.

SUPERINTENDENT	**SUPERINTENDENTE**

Director de un distrito escolar.

SUPPLEMENTARY HELP AND SERVICES

AYUDA Y SERVICIOS SUPLEMENTARIOS

Ayuda especial que se da fuera de la clase, por ejemplo, el transporte de los niños con graves dishabilidades de su casa a la escuela.

_____

_____

_____

SUPPORT SERVICES

SERVICIOS DE RESPALDO

Servicios especiales que le ayudan al niño a aprender, pero que no son parte de la clase, por ejemplo, la ayuda que le da un consejero al estudiante.

_____

_____

_____

SUPPRESSION

SUPRESION

Esconder los sentimientos, las emociones.

_____

_____

_____

SURROGATE PARENT

PADRE SUBSTITUTO

Persona que actua en lugar de los padres de familia en cualquier junta oficial acerca de la educación de un niño. Los padres substitutos son necesarios cuando el niño no tiene padres o cuando los verdaderos padres se niegan a participar.

_____

_____

_____

SURVIVAL SKILLS

HABILIDADES PARA LA SUPERVIVENCIA

Todo lo que una persona necesita saber para poder sostenerse y ser independiente.

_____

_____

_____

SURVIVAL VOCABULARY

VOCABULARIO PARA SOBREVIVIR

Las palabras más necesarias para poder comunicarse y funcionar en la escuela.

_____
_____
_____

SYMPTOMS

SINTOMAS

Lo que indica que hay una enfermedad, como por ejemplo, fiebre, dolor, etc.

_____
_____
_____

SYNDROME

SINDROME

Grupo de síntomas que indican una dishabilidad (Veáse SYMPTOMS).

_____
_____
_____

SYNTAX

SINTAXIS

Orden apropiado de las palabras cuando uno platica o escribe. Por ejemplo, en español se dice "voy a casa," en vez de "casa a voy."

_____
_____
_____

SYNTHESIS

SINTESIS

Juntar diferentes partes de algo; agrupar ideas. Cuando se junta todo para entenderlo mejor.

_____
_____
_____

T

TACTILE

TACTIL

Lo que tiene que ver con el sentido de tocar o del tacto.

TACTILE PERCEPTION

PERCEPCION TACTIL

Habilidad de reconocer las cosas por el tacto.

TALENTED

TALENTOSO

Persona con mucha habilidad o talento en cierta área.

TALKATIVE

HABLADOR

Persona que habla bastante.

TECHNIQUES OF DAILY LIVING

TECNICAS PARA LA VIDA COTIDIANA

Lo que se les tiene que enseñar a las personas ciegas para que puedan vivir independientemente. Esto incluye poder viajar solos, aprender a trabajar, manejar dinero, etc.

TEMPER TANTRUM

BERRINCHE

Cuando el niño se enoja mucho, con gran emoción y mucha colera: llora, grita, golpea, etc.

_____

_____

_____

TEMPERAMENT

TEMPERAMENTO

Humor que una persona demuestra la mayor parte del tiempo. Por ejemplo, unas personas son alegres, otras tristes, otras lentas y otras rápidas.

_____

_____

_____

TEMPORAL ORIENTATION

ORIENTACION TEMPORAL

Idea que uno tiene del tiempo. Por ejemplo, a los niños pequeños o retardados a veces se les tiene que enseñar lo que quiere decir "hoy," "mañana," "ayer," etc.

_____

_____

_____

TEST

EXAMEN, PRUEBA, TEST

Lista de preguntas que se le hace a una persona por las cuales se trata de medir algo importante. Por ejemplo, hay exámenes que miden lo que se aprende en la escuela, la habilidad para usar el lenguaje, la habilidad de cuidarse a uno mismo, etc.

_____

_____

_____

THERAPY

TERAPIA

Tratamiento; lo que se hace para ayudarle a una persona con una dishabilidad para mejorar su condición.

_____

_____

_____

185

THREE YEAR EVALUATION

EVALUACION DE TRES AÑOS

En ciertos estados cada tres años todos los niños que reciben educación especial tienen que recibir un examen completo. Así se ve si necesitan cambios mayores en su plan educativo individualizado.

TIME MANAGEMENT

MANEJO DEL TIEMPO

Habilidad de usar bien el tiempo. Por ejemplo, en vez de quedarse mirando la televisión todo el día, una persona con dishabilidades usa el tiempo para aprender algo nuevo, para hacer nuevos amigos, etc.

TIME OUT

TIEMPO FUERA

Ciertos niños con problemas emocionales a veces pierden el control. *Tiempo fuera* es cuando a un niño que está para perder el control se le lleva a un lugar separado, donde va estar solo y puede calmarse.

TIME PERCEPTION

PERCEPCION TEMPORAL

Habilidad de poder decir más o menos qué horas son, o cuánto tiempo ha pasado.

TOKEN ECONOMY

ECONOMIA DE FICHAS, ECONOMIA DE PREMIOS

Cuando en la clase los estudiantes pueden ganar fichas por trabajar bien. Luego, pueden cambiar las fichas, como si fueran dinero, para "comprar" algo, sea un librito, un lapiz, tiempo libre, o la oportunidad de usar un juego especial.

TOKEN REINFORCEMENT

REFUERZO CON FICHAS

Premiar al estudiante con una ficha por haber hecho algo bien. Luego, el estudiante puede usar la ficha para "comprar" algo. (Véase TOKEN ECONOMY).

TRAINABLE MENTALLY RETARDED

RETARDADO MENTAL ENTRENABLE

Persona con retardo mental que necesita ayuda para vivir y para trabajar. Muchas veces estas personas encuentran las materias de la primaria muy difíciles de aprender.

TRAINING

ENTRENAMIENTO

Enseñarle a una persona cómo hacer ciertas cosas, por ejemplo, enseñarle a un niño ciego a usar el teléfono.

TRAIT

RASGO

Algo que es típico de la manera como se porta una persona. Por ejemplo, cuando un niño es siempre tímido, se le llama a esto un *rasgo* del niño.

TRAUMA

TRAUMA

Herida que sucede de repente y con violencia. También quiere decir un gran susto que deja a la persona con miedo y casi sin poder moverse.

TREATMENT   **TRATAMIENTO**

Lo que se hace para mejorar la condición de una persona.

_____

_____

_____

TRIAL ANALYSIS   **ANALISIS DE PRUEBA, ANALISIS DE INTENTO**

Dejar que un estudiante toque, juegue, y conozca una cosa y lo que se puede hacer con ella. Así el estudiante se enseña a sí mismo.

_____

_____

_____

TRUANT   **VAGO**

Niño que no va a la escuela, o que se escapa de la escuela.

_____

_____

_____

TRUE SCORE   **PUNTUACION VERDADERA**

Lo que una persona sacaría en un examen si el examen fuera completamente sin error.

_____

_____

_____

TUTOR   **TUTOR, MAESTRO PARTICULAR**

Alguien que le ayuda a una sola persona con sus estudios.

_____

_____

_____

U

UNDERACHIEVER

ESTUDIANTE CUYO RENDIMIENTO NO REFLEJA SU POTENCIAL

Estudiante que saca notas que son menos de las que puede sacar.

UNDERSTANDING

COMPRENSIVO

Cuando una persona trata de entender las necesidades de otra. Le muestra mucha paciencia y sensibilidad.

UNHEALTHY

MALSANO

Algo que no es bueno para la salud.

UNMOTIVATED

POCO MOTIVADO

Alguien que no tiene mucha dirección, ni deseo de hacer alguna cosa.

USE OF LANGUAGE

MANEJO DEL LENGUAJE

Habilidad que una persona tiene para hablar bien.

V

VALIDITY

VALIDEZ

Cuando un examen mide bien lo que está supuesto a medir o se supone que mide.

VALIDITY COEFFICIENT

COEFICIENTE DE VALIDEZ

Número que indica qué tan bien un examen mide lo que debe medir. Coeficientes de .5 a .9 indican que el examen trabaja más o menos bien.

VARIABILITY

VARIABILIDAD

Las notas de todos los exámenes, especialmente los exámenes mentales, siempre producen unas notas altas, otras medianas y otras bajas. Esto es *la variabilidad*.

VEGETATE

VEGETAR

No hacer absolutamente nada; estar sin moverse, sin hablar, sin cuidarse.

VERBAL COMPREHENSION

COMPRENSION VERBAL

Habilidad para entender lo que dicen las personas.

VERBAL FACILITY   **FACILIDAD VERBAL**

Habilidad de hablar bien y con mucha facilidad.

_____

_____

_____

VERBAL
FLUENCY

FLUIDEZ VERBAL

(Véase VERBAL FACILITY).

_____

_____

_____

VERBAL
REASONING

RAZONAMIENTO VERBAL

Habilidad de resolver problemas mentales usando el lenguaje.

_____

_____

_____

VERBALLY
DISRUPTIVE

PERTURBADOR VERBAL

Estudiante que molesta a los demás con sus palabras.

_____

_____

_____

VERBALLY
FACILE

EXTRAORDINARIAMENTE VERBAL

Niños que desde muy jóvenes pueden hablar como si tuvieran más años. Casi siempre indica mucha inteligencia.

_____

_____

_____

VISUAL ACUITY   **AGUDEZA VISUAL, ACUIDAD VISUAL**

Lo bien que uno puede ver.

_____

_____

_____

191

VISUAL AIDES　　**AYUDAS VISUALES**

Dibujos o películas que a veces se usan cuando se les da clase a los estudiantes. Estas ayudan a los niños a entender la lección.

VISUAL ANALYSIS　　**ANALISIS VISUAL**

Examinar con cuidado y detalle algo que se está viendo; ver cómo las diferentes partes van juntas.

VISUAL APTITUDE TESTS　　**PRUEBAS/TESTS DE APTITUD VISUAL**

Exámenes que tratan de medir la habilidad de ver.

VISUAL DISCRIMINATION　　**DISCRIMINACION VISUAL**

Habilidad de poder ver diferentes cosas en una figura o un dibujo.

VISUAL INTEGRATION　　**INTEGRACION VISUAL**

Habilidad de reconocer lo que es un dibujo o una figura que está en pedazos.

VISUAL IMPAIR-MENT; VISUALLY IMPAIRED　　**IMPEDIMENTO VISUAL; IMPEDIDO VISUALMENTE**

Cuando no se ve bien aun con anteojos.

VISUAL MEMORY   **MEMORIA VISUAL**

Habilidad para recordar lo que se ha visto.

_____

_____

_____

VISUAL-MOTOR   **PERCEPCION VISOMOTRIZ**
PERCEPTION
Seguir con los ojos algo que se está moviendo.

_____

_____

_____

VISUAL-MOTOR   **AREAS DE PERCEPCION VISOMOTRICES**
PERCEPTUAL
AREAS   Todas las habilidades que tienen que ver con poder ver bien
algo que se está moviendo.

_____

_____

_____

VISUAL-MOTOR   **COORDINACION VISOMOTRIZ**
COORDINATION
Habilidad de usar los ojos para dirigir diferentes partes del
cuerpo. Por ejemplo, cuando un niño quiere copiar un dibujo, tiene que dirigir su mano y el lápiz según lo que está viendo.

_____

_____

_____

VISUAL-MOTOR   **INTEGRACION VISOMOTRIZ**
INTEGRATION
Habilidad de dirigir ordenadamente los movimientos del cuer-
po según lo que se vé.

_____

_____

_____

VISUAL   **PERCEPCION VISUAL**
PERCEPTION
Entender lo que los ojos ven.

_____

_____

_____

VISUAL SEQUENCING

ORDENAMIENTO VISUAL

Habilidad de ver las cosas en el orden en que se presentan.

VISUAL-SEQUEN-TIAL MEMORY

MEMORIA DE ORDENAMIENTO VISUAL

La habilidad de acordarse de lo que se ve en el orden presentado. Por ejemplo, cuando uno lee un número de teléfono, se acuerda correctamente del orden de los números y los marca bien.

VISUAL SYNTHESIS

SINTESIS VISUAL

(Véase VISUAL INTEGRATION).

VISUAL TRACKING

SEGUIMIENTO VISUAL

Seguir con los ojos una serie de cosas, por ejemplo, seguir las letras y las palabras cuando uno está leyendo.

VISUALLY HANDI-CAPPED; VISUAL HANDICAP

DISHABILITADO VISUALMENTE; DISHABILIDAD VISUAL

Personas que no puede ver aun con anteojos y que necesita educación especial.

VISUALLY LIMITED

LIMITADO VISUALMENTE

(Véase VISUALLY HANDICAPPED).

VOCATIONAL INTEREST INVENTORY

INVENTARIO DE INTERESES VOCACIONALES

Examen que trata de ver si los intereses de una persona son iguales a los de las personas que hacen diferentes trabajos. Por ejemplo, si a un estudiante le interesan las cosas que les gustan a los médicos, se supone que a este estudiante le gustaría hacerse médico.

VOCABULARY

VOCABULARIO

Todas las palabras que una persona usa y entiende.

VOCATIONAL EDUCATION; VOCATIONAL TRAINING

EDUCACION VOCACIONAL; ENTRENAMIETO VOCACIONAL

Enseñar al estudiante lo que va a necesitar en su trabajo. Muchas veces se le enseña en el sitio del trabajo.

VOCATIONAL REHABILITATION SPECIALIST

ESPECIALISTA DE REHABILITACION VOCACIONAL

Personas que sabe ayudarle a la gente con dishabilidades para aprender o hacer ciertos trabajos y encontrar empleo.

VOCATIONAL THERAPY

TERAPIA VOCACIONAL

(Véase VOCATIONAL EDUCATION)

W

WEAKNESSES (Véase STRENGTHS/WEAKNESSES)

WITHDRAWN **RETRAIDO, RETRAERSE**

Niño que no participa, que prefiere estar solo.

WORD ATTACK SKILLS **DESTREZAS PARA LEER LAS PALABRAS**

Habilidades necesarias para poder leer las palabras. Por ejemplo, el niño tipicamente tiene que saber los sonidos de las letras "s" y "o" para leer la palabra "oso".

WORD BLINDNESS **CEGUERA PARA PALABRAS**

Cuando un niño quien no es ciego, ni tiene dificultades para ver, no puede entender lo que quieren decir las palabras escritas.

WORK EXPERIENCE PROGRAMS **PROGRAMAS DE EXPERIENCIA DE TRABAJO**

Programas en donde se enseña a los estudiantes lo que necesitan saber para varios trabajos. Los estudiantes aprenden en el sitio de trabajo.

WORK PLACE-MENT

COLOCACION LABORAL

Cuando se le coloca a una persona con dishabilidades en un trabajo según sus talentos y necesidades.

_____

_____

_____

WORK-STUDY PROGRAM

PROGRAMA DE ESTUDIO-TRABAJO

Programa en las escuelas secundarias donde los estudiantes reciben crédito por trabajo que hacen fuera de la escuela.

_____

_____

_____

WRITING READINESS

PREESCRITURA

Actividades que se enseñan para preparar a los niños a escribir.

_____

_____

_____

WRITTEN EXPRESSION

EXPRESION ESCRITA

Habilidad de contar algo por medio de lo escrito.

_____

_____

_____

APPENDIX A

English-Spanish Translations
of Low Frequency Terms

AFFECTIVE BEHAVIOR
Conducta de Afecto

AFFRICATE
Africada

AIR CONDUCTION
Conducción del aire

ALLERGIC SHOCK
Choque alérgico

ALLERGY
Alergia

ALLOPHONE
Alófono

ALVEOLAR
Alveolar

AMBLYOPIA
Ampliopía

AMPHETAMINE
Anfetamina

AMPUTATION
Amputación

ANEMIA (Pernicious)
Anemia (Perniciosa)

ANOMIA
Anomia

ANOXIA
Anoxia

APRAXIA
Apraxia

APHONIA
Afonia

ASTIGMATISM
Astigmatismo

ATTENDING BEHAVIOR
Habilidad para poner atención

BEDWETTING (enuresis)
Mojar la cama (enuresis)

BILABIAL
Bilabial (Consonante bilabial)

BONE CONDUCTION
Conducción ósea

CHAINING
Encadenamiento

CONGENITAL DISPHASIA
Disfasia congénita

CONGENITAL HEART DEFECTS
Defectos congénitos del corazón

CONTRACEPTIVE
Anticonceptivo, Contraceptivo

COOPERATIVE BEHAVIOR
Conducta Cooperativa

CORRELATION
Correlación

CUTOFF
Corte

CYST
Quiste

DAYCARE
Cuidado de niños diurno

DECIBEL
Decibel

DELAYED AUDITORY FEEDBACK
Retroalimentación auditiva retardada

DENTAL
Dental

DEVELOPMENTAL MILESTONES
Puntos críticos evolutivos
Puntos importantes del desarrollo

DIPTHONG
Diptongo

DISPRAXIA
Dispraxia

DISTINCTIVE FEATURES
Rasgos fónicos/distintivos

COSMETIC DISTORTIONS (SPEECH THERAPY)
Distorsiones cosméticas

DYSCALCULIA
Discalculia

DYSARTHRIA
Disartría

ECHOLALIA
Ecolalia

ELECTRONIC MOBILITY DEVICES
Aparatos electrónicos para la movilidad

ENCOURAGE
Darle aliento, animar

FINGERSPELLING
Deletrear dactilógicamente

EMOTIONAL BLOCKING
Bloqueo de emociones

ENVIRONMENTAL TRAUMA
Trauma ambiental

ERYTHROBLASTOSIS
Eritroblastosis

EXPANSION
Expansión

FACE VALIDITY
Validez nominal

FAMILY PLANNING
Planificación familiar

FETUS
Feto

FRICATIVE
Fricativa

GLAUCOMA
Glaucoma

GLOTTAL/GLOTTAL STOP
Glotal/Oclusión glótica

HEARING RIGHTS
Derechos de la audiencia

HEART ABNORMALITY
Anormalidad del corazón

HEREDITARY DEAFNESS
Sordera hereditaria

HEREDITY
Herencia

HYGIENE
Higiene

HYPEROPIA
Hiperopía

HYPERVENTILATION
Hiperventilación

HYPONASALITY
Hiponasalidad

HYPOTHYROIDISM
Hipotiroide, Hipotiroideo

IMPARTIAL HEARING OFFICER
Oficial de la audiencia imparcial

INDIVIDUALS WITH EXCEPTIONAL NEEDS
Individuos con necesidades excepcionales

INPUT
Entrada

INSERVIDE TRAINING
Entrenamiento para profesionales

JAUNDICE
Ictericia

LABIODENTAL
Labiodental, Dentalabial

LEAD POISONING (PLUMBISM)
Plumbismo

MALNUTRITION
Desnutrición

MALOCCLUSION
Oclusión defectuosa

MANUAL ALPHABET
Alfabeto dactilológico, Abecedario manual

MANUAL COMMUNICATION SYSTEM
Sistema de comunicación manual

MANNERS
Buenos modales

MENINGITIS
Meningitis

METABOLIC DISORDER
Desorden metabólico

MIXED HEARING LOSS
Pérdida auditiva mixta

NASAL
Nasal

NUMERICAL MEMORY
Memoria numérica

NUTRITION
Nutrición

OBTURATOR
Obturador

OTOLOGIST, OTOLARYNGOLOGIST
Otólogo, Otolaringólogo

OUTPUT
Emisión

PALATAL/HARD PALATE
Palatal/Paladar duro

PARENT-CHILD REALTIONSHIP
Relación entre padre-hijo

PEDIATRICIAN
Pediatra

PERIPHERAL VISION
Visión periférica

PERSONAL GROOMING
Aseo personal, Higiene personal

PICTORIAL MEMORY
Memoria gráfica

PITCH
Diapasón, Tono

PREACADEMIC SKILLS
Habilidades preacadémicas

PREMATURE
Prematuro

PRESCRIPTIVE DIAGNOSIS
Diagnóstico prescriptivo

PROBLEM SOLVING
Resolver problemas

PROFOUND HEARING LOSS
Pérdida Auditiva Profunda

PURE-TONE AUDIOMETRY
Audiometría de tonos puros

REEVALUATION
Reevaluación

REFRACTIVE ERRORS
Errores refractivos

REINFORCER
Reforzador

RESIDUAL HEARING
Audición residual

RESPIRATORY DISEASE
Enfermedad respiratoria

RHEUMATIC FEVER
Fiebre reumática

RIGHT-LEFT ORIENTATION
Orientación derecha-izquierda

SCOLIOSIS
Escoliosis

SEDATIVE
Sedante

SEMICONSONANT/SEMIVOWEL/GLIDE
Semiconsonante/Semivocal/Pasaje gradual

SHOCK
Choque

SILIBANT
Sonido sibilante

SPASM
Espasmo

SPASTIC
Espástico

SPEECH READING/LIP READING
Labiomancia/ Lectura de los labios/Labio lectura

SOCIAL APPROVAL
Aprobación social

SOCIAL-EMOTIONAL BEHAVIOR
Conducta socio-emocional

STOPS
Consonantes Oclusivas

TACHISTOSCOPE
Taquistoscopio

TAP (Speech Therapy)
Vibrante simple

TASK COMPLETION
Cumplimiento de tareas

THERAPEUTIC ABORTION
Aborto terapéutico

TONGUE-TIE (Short Frenulum)
Anquiloglosia

TRIAL AND ERROR
Ensayo y error

TRILL
Vibrante múltiple

UTERUS
Utero, Matriz

UTTERANCE
Enunciado

VELAR/VELUM
Velar/Paladar blando

VERBAL MEMORY
Memoria verbal

VITAMINS
Vitaminas

VOCAL DISORDER
Desorden vocal

VOCAL FOLDS/VOCAL CHORDS
Cuerdas vocales

VOICED/VOICELESS CONSONANTS
Consonantes sonoras/Consonantes sordas

VOLUNTEERS
Voluntarios

VOWEL
Vocal

WARD
Menor o Huérfano bajo tutela

WORD KNOWLEDGE
Conocimiento de palabras

APPENDIX B

Spanish-English Index
of Dictionary Terms

ABSORTO
Absorbed in

ABUSO DE NIÑOS
Child Abuse

ACADEMICO
Academic

ACALCULIA
Acalculia

ACCESIBILIDAD
Accessibility

ACEPTACION PASIVA
Passive Acceptance

ACEPTACION PROPIA
Self-acceptance

ACOMODACION
Accomodation

ACONSEJADOR (Véase Advise)
Advisor

ACONSEJAR
Advise

ACONSEJAR
Counsel

ACONSEJAR EN GRUPO
Group counseling

ACTITUD
Attitude

ACTIVIDADES AUTONOMAS
Self directed activities

ACTIVIDADES COTIDIANAS
Activities of daily living

ACUERDO DE CONSENTIMIENTO
Consent agreement

ACUIDAD VISUAL
Visual acuity

ADAPTACION POST-ESCOLAR
Post-school adjustment

ADAPTACION SOCIAL
Social adaptation

ADAPTARSE
Adjust

ADECUADO PARA LA EDAD
Age adequate

ADICION
Addition (Speech Therapy)

ADIVINACION
Guessing

ADIVINAR
To Guess

ADMINISTRADOR DE LA ESCUELA
School administrator

ADOLESCENCIA
Adolescence

ADOPTADO
Adopted

ADULTEZ
Adulthood

AFASIA
Aphasia

AFINIDAD
Rapport

AGENCIA LOCAL DE EDUCACION
Local education agency

AGENCIA EDUCACIONAL DEL ESTADO
State education agency

AGNOSIA
Agnosia

AGRAFIA
Agraphia

AGRESIVIDAD
Agression (Véase AGRESSIVE)

AGRESIVO
Aggressive

AGRESIVO
Belligerent

AGRUPAR
Sort

AGUDEZA AUDITIVA
Auditory Acuity

AGUDEZA VISUAL
Visual Acuity

AISLAR
Isolate

AJUSTARSE
Adjust

AJUSTE EMOCIONAL
Emotional adjustment

AJUSTES
Adjustments

ALERTA PARA LOS DETALLES
Alertness to details

ALEXIA
Alexia

ALFABETO MANUAL
Signing

AMABLE
Likeable

AMBIDEXTRO
Ambidextrous

AMBIENTE
Environment

AMBIENTE CASERO
Home environment

AMBIENTE CULTURAL ESTIMULANTE
Stimulating cultural atmosphere/Environment

AMBIENTE DE EDUCACION MENOS RESTRICTIVO/RESTRINGIDO
Least restrictive educational environment

AMBIENTE DEL HOGAR
Home environment

AMBIENTE INSTITUCIONAL
Institutional Setting

AMBIENTE SOBREPROTECTOR
Overprotective environment

AMNIOCENTISIS
Amniocentesis

ANALISIS
Analysis

ANALISIS DE INTENTO
Trial analysis

ANALISIS DE PRUEBA
Trial analysis

ANALISIS VISUAL
Visual analysis

ANORMAL
Abnormal

ANTECEDENTE ETNICO
Ethnic background

ANTECEDENTES
Background

ANTECEDENTES CULTURALES
Cultural background

ANTECEDENTES DESVENTAJOSOS
Disadvantaged background

ANTECEDENTES FAMILIARES
Family background

APATIA
Apathy

APELACION
Appeal

APELAR
Appeal

APRAXIA
Apraxia

APRENDER
Learn, to (Véase LEARNING)

APRENDIZAJE
Learning

APROBACION
Approval

APROPIADO PARA LA EDAD
Age adequate

APROVECHAMIENTO
Achievement

APROVECHAMIENTO ESCOLAR
School achievement

APROXIMACIONES SUCESIVAS
Successive approximations

APTITUD
Aptitude

ARCHIVO ACUMULATIVO
Cume (Cumulative) folder

ARCHIVOS ESCOLARES
School files

AREAS DEBILES
Weaknesses (Véase Strengths and Weaknesse

AREAS DE PERCEPCION VISOMOTRICES
Visual-motor perceptual areas

AREAS FUERTES
Strengths

ARRIBA DEL PROMEDIO
Above average

ARTICULACION
Articulation

ARTRITIS
Arthritis

ASALTANTE
Assaultive

ASALTAR
Assault (Véase Assaultive)

ASESORAMIENTO
Counseling

ASESORAMIENTO EN GRUPO
Group counseling

ASESORAMIENTO GENETICO
Genetic counseling

ASESORAR
Advise

ASFIXIA
Asphyxia

ASIMETRIA
Skew

ASIMILACION
Assimilation

ACICTCNOIA
Attendance

ASMA
Asthma

ASOCIACION
Association

ASOCIACION AUDITIVA
Auditory association

ASUMIR RESPONSABILIDAD
Assume responsibility

ATAQUE DE EPILEPSIA
Grand mal epileptic seizure

ATAXIA
Ataxia

ATENCION A LAS TAREAS
Attention span

ATENCION INDIVIDUAL
Individual attention

ATETOSIS
Athetosis

ATRACCION
Attraction

ATRASO EN LOS ESTUDIOS (Estar)
Behind

AUDICION
Hearing

AUDIENCIA DE QUEJA
Fair hearing

AUDIENCIA IMPARCIAL
Fair hearing

AUDIFONO
Hearing aid

AUDIO
Audio

AUDIOGRAMA
Audiogram

AUDIOLOGO
Audiologist

AUDIOMETRO
Audiometer

AUTISMO
Autism

AUTISTICO
Autistic

AUTOACEPTACION
Self-acceptance

AUTOAYUDA
Self-sufficiency

AUTOAYUDA
Self-help

AUTOCONCEPTO
Self-concept

AUTOCONTROL
Self-control

AUTOCUIDADO
Self-care

AUTODESTRUCTIVO
Self-destructive

AUTODIRECTIVO
Self-directed

AUTODISCIPLINA
Self-discipline

AUTOESTIMA
Self-esteem

AUTOESTIMULADOR
Self-stimulating

AUTOIMAGEN
Self-image

AUTOMUTILACION
Self-multilation

AUTOMUTILADOR
Self-mutilating

AUTORESPETO
Self-respect

AUTORIDAD
Authority

AUTOSEGREGACION
Self-segregation

AUTOSEGURO
Self-reliant

AUTOSUFICIENCIA
Self-sufficient

AVANZAR UN GRADO
Skip a grade

AVERSION
Aversion

AYUDA DEL ESTADO
State aid

AYUDAPROPIA
Self-help

AYUDAS VISUALES
Visual aids

AYUDA Y SERVICIOS SUPLEMENTARIOS
Supplementary help and services

BAJO NIVEL DE FUNCIONAMIENTO
Low functioning level

BALANCE
Balance

BALANCEAR
Balance

BANDA DE PERCENTIL
Percentile confidence band

BARRERAS ARQUITECTONICAS
Architectural barriers

BASICO
Basal

BATERIA DE EXAMENES (pruebas)
Battery

BELIGERANTE
Belligerent

BERRINCHE
Temper tantrum

BILINGUE
Bilingual

BRAILLE
Braille

CALIFICACIONES
Grades

CALIFICACION DIRECTA
Raw score

CALIFICACIONES
Scores

CALIFICACIONES DERIVADAS
Derived scores

CALIFICACIONES ESTANDARIZADAS
Standard Scores

CALIFICACIONES QUE CORRESPONDEN A EDADES ESPECIFICAS
Age equivalent scores

CALMARSE
Calm/Calm down

CAMBIO DE CODIGO/IDIOMA
Codeswitching

CAMBIO DE COMPORTAMIENTO
Bahavioral change

CAMBIO DE PROGRAMA
Change in program

CAMPO DE JUEGOS
Playground

CAMPO DE OPERACION
Operational range

CANALES DE APRENDIZAJE
Learning channels

CAPACIDAD
Capacity

CAPACIDAD DE MEMORIA
Memory span

CAPACIDAD DISCRIMINATIVA DE COLOR
Color discrimination

CAPACIDAD LIMITADA
Limited capacity

CAPAZ (ser)
Capable

CARACTERISTICAS INNATAS
Innate characteristics

CASA ADOPTIVA
Adoptive home

CASA ADOPTIVA TEMPORAL
Foster home

CASTIGO
Punishment

CEFALICO
Cephalic

CEGUERA PARA PALABRAS
Word blindness

CEREBRO
Brain

CIEGO
Blind

CIEGO-SORDO
Deaf-blind

CIERRE
Closure

CINESTETICO
Kinesthetic

CLASE ESPECIAL
Special Class

CLASE ESPECIAL DE DIA
Special day class

CLASE ESPECIAL SEPARADA
Self-contained special class

CLASE REGULAR
Regular class

CLASE SOCIOECONOMICA
Socioeconomic class

CLASE TIPICA
Regular class

CLASIFICACION DE OBJETOS
Object classification

CLASIFICAR
Classify

CLASIFICAR
Label

CLINICO DEL HABLA
Speech clinician

CLUB
Club

COCIENTE INTELECTUAL, C.I.
I.Q.

CODIFICAR
Coding, to code

COEFICIENTE DE CONFIABILIDAD
Reliability coefficient

COEFICIENTE DE CORRELACION
Correlation coefficient

COEFICIENTE DE VALIDEZ
Validity coefficient

COGNICION
Cognition

COLAPSO
Breakdown

COLEO
Skew

COLOCACION
Placement

COLOCACION APROPIADA
Appropriate placement

COLOCACION EDUCATIVA
Educational placement

COLOCACION LABORAL
Work placement

COLOCAR
Place (Véase Educational Placement)

COLOCACION LABORAL
Job placement

COMBINACION AUDITIVA
Auditory blending

COMITE CONSEJERO
Advisory committee

COMITE CONSEJERO DE PADRES DE FAMILIA
Parent advisory committee

COMITE CONSULTIVO
Advisory committee

COMITE DE EVALUACION DE LA ESCUELA
School appraisal team

COMPAÑEROS DEL MISMO GRUPO
Peers

COMPENSATORIO
Compensatory

COMPETENCIA COMUNICATIVA
Communicative competence

COMPETENTE
Competent

COMPLEJO DE INFERIORIDAD
Inferiority complex

COMPORTAMIENTO RITUALISTICO
Ritualistic behavior

COMPORTAMIENTO SOCIAL
Social behavior

COMPRENSION
Comprehension

COMPRENSION AL ESCUCHAR
Listening comprehension

COMPRENSION AL LEER
Reading comprehension

COMPRENSION AL LEER EN SILENCIO
Silent reading comprehension

COMPRENSION DE LO LEIDO EN SILENCIO
Silent reading comprehension

COMPRENSION DE LO QUE SE LEE EN VOZ ALTA
Oral reading comprehension

COMPRENSION VERBAL
Verbal comprehension

COMPRENSIVO
Understanding

COMUNICACION ORAL
Oral communication

CONCENTRACION
Concentration

CONCEPTO DEL CUERPO
Body concept

CONCEPTO DE SI MISMO
Self-concept

CONCEPTUAL
Conceptual

CONDICIONAMIENTO
Conditioning

CONDUCTA ADAPTATIVA
Adaptive behavior

CONDUCTA ANTISOCIAL
Antisocial behavior

CONDUCTA AUTONOMA
Autonomous behavior

CONDUCTA DEFENSIVA
Defensive behavior

CONDUCTA DESVIADORA
Deviant behavior

CONDUCTA EVASORA
Avoidance behavior

CONDUCTA MALADAPTATIVA
Maladaptive behavior

CONFERENCIA
Parent-teacher conference

CONFIABILIDAD
Reliability

CONFIDENCIAL
Confidential

CONFIDENCIALIDAD
Confidentiality

CONFUSION LATERAL
Lateral confusion

CONGENITO
Congenital

CONOCIMIENTO DEL CUERPO
Body awareness

CONSEJERO
Advisor (Véase Advise)

CONSEJERO
Counselor

CONSEJERO ESCOLAR
School counselor

CONSEJO
Advice (Véase Advise)

CONSENTIMIENTO
Consent

CONSERVACION
Conservation

CONSULTAR
Consult

CONTACTO ESTRECHO
Close contact

CONTENERSE
Repress

CONTINUO
Continuum

CONTRATO DE CONTINGENCIA
Contingency contracting

CONTROL DE AMBIENTE
Environmental control

CONTROL DE MOVIMIENTOS FINOS
Fine motor control

CONTROL PERSONAL
Self-control

COOPERACION
Cooperation

COOPERATIVO/NO COOPERATIVO
Cooperative/Uncooperative

COORDINACION
Coordination

COORDINACION MANUAL Y VISUAL
Eye-hand coordination

COORDINACION MOTORA
Motor coordination

COORDINACION MOTRIZ
Motor coordination

COORDINACION VISOMANUAL
Eye-hand coordination

COORDINACION VISOMOTRIZ
Visual-motor coordination

CORRIENTE CENTRAL DE LA EDUCACION REGULAR
Mainstream

CREATIVO
Creative

CRECIMIENTO
Growth

CRITERIOS
Criteria

CROMOSOMA
Chromosome

CRONICO
Chronic

CUADRIPLEGICO
Cuadriplegic

CURRICULO
Curriculum

CURSO DE ESTUDIO
Course of study

CURVA NORMAL
Normal curve

DACTILOLOGIA
Signing

DAÑO MINIMO DEL CEREBRO
Minimal brain damage

DAR CONSEJO
Advise

DATOS
Data

DE HABLA HISPANA
Spanish-speaking

DEBAJO DE LA EDAD CRONOLOGICA
Below chronological age

DEBAJO DEL PROMEDIO
Below average

DECODIFICAR
Decoding/decode

DEFECTO DEL HABLA
Speech defect

DEFECTO DEL HABLA
Speech problem

DEFENSA
Advocacy

DEFICIENCIA MENTAL
Mental deficiency

DEFICIT
Deficit

DEPENDENCIA-INDEPENDENCIA DEL CAMPO
Field dependence-independence

DEPENDIENTE DEL CAMPO
Field dependent

DEPRESION
Depression

DERECHOS DE LOS PADRES
Parent rights

DESANIMADO
Discouraged

DESARROLLO ATRASADO
Delayed development

DESARROLLO COGNOSCITIVO
Cognitive development

DESARROLLO DE LA COMUNICACION
Communication development

DESARROLLO DE LA CONDUCTA
Behavioral development

DESARROLLO DEL LENGUAJE
Language Development

DESARROLLO EMOCIONAL
Emotional development

DESARROLLO FISICO
Physical development

DESARROLLO FONEMICO
Phonemic development

DESARROLLO MOTRIZ
Motor development

DESARROLLO NEUROMOTRIZ
Neuromotor development

DESARROLLO PERCEPTIVO-MOTRIZ
Perceptual-motor development

DESATENTO
Inattentive

DESCRIBIR
Describe

DESEQUILIBRIO BIOQUIMICO DEL CUERPO
Biochemical imbalance

DESORDEN
Disorder

DESORDEN COMUNICATIVO
Communicative disorder

DESORDEN DE CONDUCTA
Behavioral disorder

DESORDEN DE CONDUCTA
Conduct disorder

DESORDEN PERCEPTUAL
Perceptual disorder

DESORDENES DE LA COMUNICACION
Communication disorders

DESORDENES CONCEPTUALES
Conceptual disorders

DESORDENES DE ENTONACION
Pitch disorders

DESORDENES EMOCIONALES
Emotional disorders

DESORDENES FUNCIONALES DEL HABLA
Functional disorders (Speech Therapy)

DESPROPORCION
Disproportion

DESTREZAS
Skills

DESTREZAS BASICAS
Basic skills

DESTREZAS PARA LEER LAS PALABRAS
Word attack skills

DESTRUCTIVO
Destructive

DESVIACION
.Disorder

DESVIACION EMOCIONAL
Emotional disturbance

DESVIACION ESTANDAR
Standard deviation

DESVIACIONES
Deviations

DESVIACIONES EMOCIONALES
Emotional disorders

DETECTAR
Detect

DIABETES
Diabetes

DIAGNOSIS
Diagnosis

DIAGNOSTICO EQUIVOCADO
Misdiagnosis

DIAGNOSIS FALSO
Misdiagnosis

DIALECTO
Dialect

DIALECTO NO ESTANDAR
Nonstandard language/Dialect

DIESTRO
Right handed (Véase Left Handed)

DIFICULTADES DE LOS ITEMS
Item difficulties

DIRECCION DE LA CONDUCTA
Behavioral management

DIRECCIONALIDAD
Directionality

DISCIPLINA
Discipline

DISCIPLINA PERSONAL
Self-discipline

DISCIPLINAR
Discipline

DISCONFORMIDAD SOCIAL
Social nonconformity

DISCREPANCIA
Discrepancy

DISCRIMINACION
Discrimination

DISCRIMINACION AUDITIVA
Auditory discrimination

DISCRIMINACION VISUAL
Visual discrimination

DISFASIA
Dysphasia

DISFLUIDEZ
Disfluency

DISFUNCION
Dysfunction

DISFUNCION CEREBRAL
Brain dysfunction

DISFUNCION MINIMA DEL CEREBRO
Minimal brain dysfunction

DISFUNCION NEUROLOGICA
Neurological dysfunction

DISGRAFIA
Dysgraphia

DISHABILIDAD
Disability

DISHABILIDAD
Handicap

DISHABILIDAD DE DESARROLLO
Developmental disability

DISHABILIDAD ESPECIFICA DE APRENDIZAJE
Specific learning disability

DISHABILIDAD PARA APRENDER
Learning disability/handicap

DISHABILIDAD VISUAL
Visual handicap. (Véase Visually Handicapped)

DISHABILIDADES DE ALTA FRECUENCIA
High incidence handicaps

DISHABILIDADES INFRECUENTES
Low incidence handicaps

DISHABILITADO
Handicapped

DISHABILITADO ACUSTICAMENTE
Acoustically handicapped

DISHABILITADO EDUCACIONALMENTE
Educationally handicapped

DISHABILITADO MULTIPLE
Multihandicapped

DISHABILITADO VISUALMENTE
Visually handicapped

DISLEXIA
Dyslexia

DISPERSION
Range

DISTANCIA HOGAR-ESCUELA
Home-school distance

DISTORSION
Distortion (Speech Therapy)

DISTRACCION
Distraction

DISTRACTIBILIDAD
Distractibility (Véase Distraction)

DISTRAER
Distract (Véase Distraction)

DISTRIBUCION DE FRECUENCIA
Frecuency Distribution

DISTRITO ESCOLAR
School district

DISTROFIA MUSCULAR
Muscular dystrophy

DOCUMENTACION
Documentation

DOMINANCIA
Dominance

DOMINANCIA CEREBRAL
Cerebral dominance

DOMINIO AFECTIVO
Affective domain

DURO DE OIDO
Hard of hearing

ECONOMIA DE FICHAS
Token economy

ECONOMIA DE PREMIOS
Token economy

EDAD BASAL
Basal age

EDAD BASE
Basal age

EDAD BASICA
Basal age

EDAD CRONOLOGICA
Chronological age

EDAD DE DESARROLLO
Developmental age

EDAD EDUCACIONAL
Educational age

EDAD MENTAL
Mental age

EDAD TOPE
Ceiling age

EDUCACION ESPECIAL
Special education

EDUCACION FISICA ADAPTATIVA
Adaptive physical education

EDUCACION PARA PADRES
Parent education

EDUCACION PREESCOLAR
Early childhood education

EDUCACION PSICOMOTRIZ
Psychomotor education

EDUCACION PUBLICA GRATIS Y APROPIADA
Free appropriate public education

EDUCACION VOCACIONAL
Career education

EDUCACION VOCACIONAL
Vocational education

EFECTO DE HALO
Halo effect

EFECTO DE LA PRACTICA
Practice effect

EGOCENTRISMO
Egocentrism

ELECTROENCEFALOGRAMA
Electroencephalograph/EEG

EMBARAZO
Pregnancy

EMOCIONALMENTE DESVIADO
Emotionally disturbed

EMOCIONALMENTE DISHABILITADO
Seriously emotionally disturbed

ENJUICIAR
Sue

ENSEÑANZA CLINICA
Clinical teaching

ENSEÑANZA CON PRECISION
Precision teaching

ENSEÑANZA DISGNOSTICA Y PRESCRIPTIVA
Diagnostic prescriptive teaching

ENSEÑANZA MULTISENSORIAL
Multisensory approach

ENSEÑANZA QUE USA LA MODALIDAD DE PROCESAR
Modality-processing approach

ENTONACION
Intonation

ENTRENAMIENTO
Training

ENTRENAMIENTO DE AUDICION
Auditory training

ENTRENAMIENTO DE MOVILIDAD
Mobility training

ENTRENAMIENTO DE TRABAJO APARTE DE LA ESCUELA
Off campus work station

ENTRENAMIENTO EN EL TRABAJO
On-the-job training

ENTRENAMIENTO PSICOMOTOR
Psychomotor training

ENTRENAMIENTO VOCACIONAL
Vocational training (Véase Vocational Education)

EPILEPSIA
Epilepsy

EPILEPSIA PSICOMOTRIZ
Psychomotor epilepsy

EQUILIBRIO
Equilibrium

EQUIPO MULTIDISCIPLINARIO DE EVALUACION
Multidisciplinary evaluation team

EQUIPO PARA ESTUDIAR AL NIÑO
Child study team

EQUIVELENTE DE EDAD
Age equivalent

ERROR DE HALO
Halo effect

ERROR DE INTERPRETACION
Error in interpretation

ERROR DE MEDICION
Error of measurement

ERROR ESTANDAR
Standard error

ERROR ESTANDAR DE MEDICION
Standard error of measurement

ERRORES DE ARTICULACION
Articulation errors

ESCRITURA DE DERECHA A IZQUIERDA
Mirror writing

ESCRITURA EN ESPEJO
Mirror writing

ESCRITURA EN RELIEVE PARA USO DE LOS CIEGOS
Braille

ESCUCHAR CON COMPRENSION
Listening comprehension

ESCUELA ALTERNATIVA
Alternative school

ESCUELA ESPECIAL DE DIA
Special day school

ESCUELA PRIVADA
Private day school

ESCUELA PRIVADA RESIDENCIAL
Private residential school facility

ESCUELA PUBLICA RESIDENCIAL
Public residential school facility

ESCUELA RESIDENCIAL
Residential school

ESPASTICIDAD
Spasticity

ESPECIALISTA DE RECURSOS
Resource Specialist

ESPECIALISTA DE REHABILITACION VOCACIONAL
Vocational rehabilitation specialist

ESPECIALISTA DE PROGRAMA
Program specialist

ESPECIALISTAS ITINERARIOS
Itinerant Teachers

ESPINABIFIDA
Spinabifida

ESQUIZOFRENIA
Schizophrenic

ESTABILIDAD EMOCIONAL
Emotional stability

ESTABLE
Stable

ESTABLECIMIENTO DE LIMITES
Limit Setting

ESTANDARES
Standards

ESTANDARIZACION
Standardization

ESTATUS SOCIAL
Status

ESTATUS SOCIOECONOMICO
Socioeconomic status

ESTEREOTIPAR
Stereotype (to)

ESTEREOTIPO
Stereotype

ESTIGMA
Stigma (Véase Stigmatized)

ESTIGMATIZADO
Stigmatized

ESTILO COGNOSCITIVO
Cognitive style

ESTILO CONCEPTUAL
Conceptual style

ESTILO DE APRENDIZAJE
Learning style

ESTILO DE PERCEPCION
Perceptual style

ESTIMULO AVERSIVO
Aversive stimulus

ESTIMULOS
Stimuli

ESTORBADOR VERBAL
Verbally disruptive

ESTRATEGIA DEL MANEJO DE LA CONDUCTA
Behavioral strategy

ESTRES
Stress

ESTRUCTURA DEL INTELECTO
Structure of intellect

ESTUDIANTE CUYO RENDIMIENTO NO REFLEJA SU POTENCIAL
Underachiever

EVALUACION
Assessment

EVALUACION
Evaluation

EVALUACION COMPLETA
Complete assessment

EVALUACION CON REFERENCIA A UN CRITERIO
Criterion referenced test

EVALUACION DE TRES AÑOS
Three year evaluation

EVALUACION ECOLOGICA
Ecological assessment

EVALUACION IMPARCIAL
Nonbiased assessment

EVALUACION IMPARCIAL
Nonbiased testing

EVALUACION JUSTA
Fair evaluation

EVALUACION MULTIDISCIPLINARIA
Multidisciplinary assessment

EVALUACIONES ANTERIORES
Previous testing

EXAMEN
Test

EXAMEN DE APROVECHAMIENTO ESCOLAR
Achievement test

EXAMEN DE APTITUD
Aptitud test

EXAMEN DE COCIENTE INTELECTUAL
I.Q. Test

EXAMEN DE EJECUCION
Performance test

EXAMEN DE FRASES DESORDENADAS
Disordered sentences test

EXAMEN DE HABILIDAD
Ability test

EXAMEN DE INTELIGENCIA
I.Q. Test

EXAMEN DE LOGRO ESCOLAR
Achievement test

EXAMEN DE MOVIMIENTOS GLOBALES
Gross-motor test

EXAMEN DE PROFICIENCIA DE LENGUAJE
Language proficiency test

EXAMEN DE RENDIMIENTO ESCOLAR
Achievement test

EXAMEN DIAGNOSTICO
Diagnostic test

EXAMEN ESTANDARIZADO
Normed test

EXAMEN NEUROLOGICO
Neurological exam

EXAMEN NORMATIVO
Norm-referenced test

EXAMEN REFERENTE A UN CRITERIO
Criterion-referenced test

EXAMENES CULTURALMENTE JUSTOS
Culture-fair tests

EXAMENES DE ACTITUDES
Attitude tests

EXAMENES DE EJECUCION
Nonverbal tests

EXAMENES NO VERBALES
Nonverbal tests

EXAMINAR SIN DISCRIMINACION
Nondiscriminatory testing

EXCEPCIONALIDAD
Exceptionality

EXOGENO
Exogenous

EXPERIENCIA
Background/Experience

EXPERIENCIAS ENRIQUECEDORAS
Enriching experiences

EXPERIMENTACION EN EL CAMPO PRACTICO
Field test

EXPRESION ESCRITA
Written expression

EXTRAORDINARIAMENTE VERBAL
Verbally facile

EXTREMO SUPERIOR
Ceiling

EXTRINSECO
Extrinsic

FACILIDAD VERBAL
Fluency

FACILIDAD VERBAL
Verbal facility

FACTOR ESPACIAL
Spatial factor

FACTOR GENERAL DE INTELIGENCIA
G factor

FACTORES GENETICOS
Genetic factors

FALTA DE DESTREZA
Clumsy

FALTA DE ESTIMULOS/ESTIMULACION
Lack of stimulation

FAMILIAR
Familial

FANTASEAR
Fantasize

FARINGE
Pharynx

FASE
Phase

FENILQUETONURIA
Phenylketonuria (PKU)

FIJACION OCULAR
Eye fixation

FISICAMENTE DISHABILITADO
Physically disabled (Véase Physically Handicapped)

FISICAMENTE IMPEDIDO
Physically handicapped

FISURA DEL PALADAR
Cleft palate

FLUIDEZ VERBAL
Verbal facility

FONACION
Phonation

FONEMA
Phoneme

FONETICA
Phonetic

FONOLOGIA
Phonology

FORMA ALTERNATIVA
Alternate form

FORMA EQUIVALENTE
Alternate form

FORMACION DE CONCEPTOS
Concept formation

FORMAR
Shaping

FRECUENCIA TOTAL (De Dishabilidades)
Prevalence (Of Disabilities)

FRONTERIZO
Borderline

FUNCIONAMIENTO COGNOSCITIVO
Cognitive functioning

FUNCIONAMIENTO INTELECTUAL
Intellectual functioning

GATEAR
Crawl

GENES
Genes

GENETICO
Genetic

GENIO
Genius

GESTALTICO
Gestalt (adjective)

GRADOS
Grades

GRAN MAL
Grand mal

GRAN MAL
Grand mal epileptic seizure

GRATIFICACION INMEDIATA
Immediate gratification

GRUPO DE CONTROL
Control group

GRUPO DE NORMA
Norming group

GRUPO EXPERIMENTAL
Experimental group

GRUPO MINORITARIO
Minority group

GUARDERIA INFANTIL
Nursery school

GUARDIAN LEGAL
Legal guardian

HABILIDAD ADQUIRIDA
Acquired ability

HABILIDAD ASOCIATIVA
Associative ability

HABILIDAD DE LENGUAJE EXPRESIVO
Expressive language skills

HABILIDAD NUMERICA
Numerical ability

HABILIDAD PARA COMUNICARSE
Communicative competence

HABILIDADES
Skills

HABILIDAD DE EJECUCION
Nonverbal abilities

HABILIDADES INNATAS
Innate abilities

HABILIDADES NO VERBALES
Nonverbal abilities

HABILIDADES PARA LA CRIANZA DE LOS NIÑOS
Parenting skills

HABILIDADES PARA SUPERVIVENCIA
Survival skills

HABITOS
Habits

HABLADOR
Talkative

HEMOFILIA
Hemophilia

HERIDA CEREBRAL
Brain damage

HIDROCEFALIA
Hydrocephalus

HIGIENE
Hygiene

HIPERACTIVIDAD
Hyperactivity

HIPERNASALIDAD
Hypernasality

HIPERQUINESIA
Hyperkinesis

HIPOACTIVO
Hypoactive

HIPOGLICEMIA
Hypoglycemia

HISPANICOS
Hispanic

HISPANOPARLANTE
Spanish-speaking

HISPANOS
Hispanics

HISTORIA CLINICA
Medical history

HISTORIA DE LA SALUD DE LA FAMILIA
Family health history

HISTORIA DE LA SALUD DEL NIÑO
Health history

HISTORIA DEL DESARROLLO
Developmental history

HISTORIA ESCOLAR
School history

HISTORIA MEDICA
Medical history

HOJAS DE CALIFICACION
Protocols

HORARIO DEL DIA
Daily schedule

HORARIO PRINCIPAL
Master schedule

HOSTIL
Hostile

HOSTILIDAD
Hostility (Véase Hostile)

IDENTIFICACION
Screening

IDENTIFICAR
Screen (Véase Screening)

IDIOMA MATERNO
Native language

IDIOMA PRINCIPAL
Primary language

ILUSIONES FALSAS
Delusions

IMAGEN DEL CUERPO
Body image

IMAGEN PERSONAL
Self-image

IMITAR
Imitate

IMPACIENTE
Impatient

IMPEDIDO
Handicapped

IMPEDIDO AUDITIVO
Hearing impaired

IMPEDIDO DEL HABLA
Speech impaired

IMPEDIDO MULTIPLE SEVERO
Severely multihandicapped

IMPEDIDO NEUROLOGICO
Neurologically impaired

IMPEDIDO VISUALMENTE
Visually impaired (Véase Visual Impairment)

IMPEDIDOS ORTOPEDICOS
Orthopedically handicapped

IMPEDIMENTO
Handicap (Véase Handicapped)

IMPEDIMENTO
Impairment

IMPEDIMENTO AUDITIVO
Hearing handicap   (Véase Hearing Handicapped)

IMPEDIMENTO AUDITIVO
Hearing impairment

IMPEDIMIENTO DEL HABLA
Speech impediment

IMPEDIMENTO FISICO
Physical handicap

IMPEDIMENTO VISUAL
Visual impairment

IMPEDIMENTOS DE SALUD
Health impairments

IMPULSIVIDAD
Impulsivity

IMPULSIVO
Impulsive (Véase Impulsivity)

INHABILIDAD DE ESCRIBIR
Agraphia

INCAPACIDAD
Handicap (Véase Handicapped)

INCAPACITADO
Handicapped

248

INCAPACITADO AUDITIVO
Hearing handicapped

INCAPACITADO MULTIPLE
Multihandicapped

INCAPACITADO PARA LA COMUNICACION
Communicatively handicapped

INCAPACITADOS ORTOPEDICOS
Orthopedically handicapped

INCAPAZ
Incapable

INCIDENCIA
Incidence

INCOMPATIBILIDAD SANGUINEA
RH factor, RH incompatibility

INDEPENDIENTE
Independent

INDEPENDIENTE DEL CAMPO
Field independence

INDEPENDIZARSE
Independent

INDICADORES EMOCIONALES
Emotional indicators

INDICE DE DIFICULTAD
Item difficulty level

INDIFERENCIA
Indifference

INESTABILIDAD EMOCIONAL
Emotional instability

INESTABILIDAD FAMILIAR
Family instability

INFANCIA
Infancy

INFLUENCIA EMOCIONAL
Emotional overlay

INFORME
Report

INGRESAR
Enroll

INGRESAR
Register

INHABILIDAD DE ESCRIBIR
Agrafia

INHIBIDO
Inhibited

INHIBIR
Inhibit

INMADUREZ
Immaturity (Véase Immature)

INMADURO
Immature

INQUIETO
Restless

INSEGURIDAD
Insecurity

INSEGURO
Insecure

INSTITUCIONALIZAR
Institutionalize

INSTITUCION DEL ESTADO
State institution

INSTRUCCION DE PERSONA A PERSONA
One-to-one instruction

INSTRUCCION PROGRAMADA (en módulos)
Programmed instruction

INSTRUCCION QUE SE LLEVA A LA CASA
Homebound Instruction/Service

INTEGRACION
Mainstreaming

INTEGRACION
Integration

INTEGRACION VISOMOTRIZ
Visual-motor integration

INTEGRACION VISUAL
Visual integration

INTELECTUALMENTE SUPERIOR
Intellectually superior

INTELIGENCIA
Intelligence

INTERACCION MAESTRO-ALUMNO
Student-teacher interaction

INTERACCION SOCIAL
Social interaction

INTERPRETACION DE SITUACIONES SOCIALES
Interpretation of social situations

INTERPRETE
Interpreter

INTERVENCION
Intervention

INTERVENCION TEMPRANA
Early intervention

INTIMIDAR
Intimidate

INTRANQUILO
Restless

INTRINSECO
Intrinsic

INTROVERTIDO
Introverted

INVENTARIO
Inventory

INVENTARIO DE INTERESES VOCACIONALES
Vocational interest inventory

INVERSION
Reversal

ITEM/ITEMES
Item/s

ITEMES DE ELECCION MULTIPLE
Multiple choice questions

JUSTO
Fair

LABIO HENDIDO
Cleft Lip

LAPSO DE MEMORIA
Memory span

LATERALIDAD
Laterality

LECTURA REMEDIADORA
Remedial reading

LEGALMENTE CIEGO
Legally blind

LENGUA MATERNA
Native language

LENGUA PRIMARIA
Primary language

LENGUAJE ATRASADO
Delayed language

LENGUAJE ESTANDAR
Standard language

LENGUAJE EXPRESIVO
Expressive language

LENGUAJE INTERIOR
Inner language

LENGUAJE NO ESTANDAR
Nonstandard language/Dialect

LENGUAJE ORAL
Oral lanquage

LENGUAJE RECEPTIVO
Receptive language

LESION CEREBRAL
Brain damage

LESION NEUROLOGICA
Brain damage

LETARGICO
Lethargic

LEXICO
Lexicon, lexical

LEY PUBLICA 94-142,
EL ACTO PARA LA EDUCACION DE LOS NIÑOS
DISHABILITADOS
Public Law 94-192,
Education for All Handicapped Children Act

LIBRO BASICO DE LECTURA
Basal reader

LIBRO PRELECTURA
Primer

LIBRO PREPRIMARIO
Primer

LIMITADO VISUALMENTE
Visually limited (Véase Visually Handicapped)

LIMITAR
Limit (to) (Véase Limits)

LIMITES
Limits

LINEA DE BASE
Baseline

LOGRO
Achievement

LOGRO ESCOLAR
School Achievement (Véase Achievement)

LONGITUD MEDIA DEL ENUNCIADO EN MORFEMAS
Mean length of utterance

MADUREZ INTELECTUAL
Intellectual maturity

MADUREZ MENTAL
Mental maturity

MADUREZ SOCIAL
Social maturity

MAESTRA DE CONSULTA
Consulting teacher

MAESTRIA
Mastery

MAESTRO PARTICULAR
Tutor

MAESTROS DE LA EDUCACION FISICA
Physical educators

MAESTROS ITINERARIOS/ITINERANTES
Itinerant teachers

MALA ADAPTACION SOCIAL
Social Maladaptation

MALA CLASIFICACION
Mislabelling

MALADAPTATIVO
Maladaptive

MALAJUSTADO SOCIALMENTE
Socially maladjusted

MAL DE DOWN'S
Downs syndrome

MAL EDUCADO
Rude

MALHUMORADO
Moody

MALSANO
Unhealthy

MANDATO
Mandate

MANEJO DE LA CONDUCTA
Behavioral management

MANEJO DE CONTINGENCIA
Contingency management

MANEJO DEL LENGUAJE
Use of language

MANEJO DEL TIEMPO
Time management

MANIACO-DEPRESIVO
Manic-depressive

MANIPULAR
Manipulate

MATERIALES DE LECTURA CON VOCABULARIO REDUCIDO,
SUMAMENTE INTERESANTES
High interest-low vocabulary reading materials

MATERIAS BASICAS
Basic Skills

MATRICULAR
Enroll

MATRICULAR
Register

MEDIA ARITMETICA
Arithmetic mean

MEDICACION
Medication

MEDICAMENTO
Medication

MEDICION
Measurement

MEDICION PSICOLOGICA
Psychological measurement

MEDICIONES DE CRITERIO
Criterion measures

MEDIDA PREVENTIVA
Preventative measure

MEDIO
Environment

MEMORIA
Memory

MEMORIA ASOCIATIVA
Associative memory

MEMORIA AUDITIVA
Auditory memory

MEMORIA AUDITIVA
Auditory recall

MEMORIA AUDITIVO-SECUENCIAL
Sequential-auditory memory

MEMORIA DE ASOCIACION
Associative memory

MEMORIA DE CORTO PLAZO
Short-term memory

MEMORIA DE DISEÑOS
Design memory (Véase Perceptual Memory)

MEMORIA DE LARGO PLAZO
Long-term memory

MEMORIA DE ORDENAMIENTO AUDITIVO
Auditory sequential memory

MEMORIA DE ORDENAMIENTO VISUAL
Visual-sequential memory

MEMORIA INMEDIATA
Short-term memory

MEMORIA VISUAL
Visual memory

MENINGITIS
Meningitis

METAS
Goals

METAS ANUALES
Annual goals

METAS DE UN AÑO
Annual goals

METODO DE ENSEÑAR A LEER USANDO LIBROS BASICOS (Basales)
Basal reader approach

METODO FONETICO
Phonics

METODO MANUAL DE HABLAR
Signing

METODOS DE EVALUACION
Methods of evaluation

MEZCLAS
Blends

MIOPIA
Myopia

MIOPIA
Nearsighted (Véase Myopia)

MODA
Mode

MODALIDAD
Modality

MODELAR
Modeling

MODELAR
Patterning

MODELO DE COMPORTAMIENTO
Behavior model

MODIFICACION DE COMPORTAMIENTO
Behavior modification

MODULAR
Shaping

MOLDEAMIENTO POR APROXIMACIONES
Successive approximations

MOLDEAR
Patterning

MONGOLOIDE
Mongoloid

MONOLINGUE
Monolingual

MORFOLOGIA
Morphology

MOTIVACION
Motivation

MOTIVANTE
Motivating (Véase Motivation)

MOVIMIENTO FISICO INTEGRADO
Integrated physical movement

MOVIMIENTOS MOTORES GLOBALES
Gross motor movement

MUESTRA
Sample

MUESTRA AL AZAR
Random sample

MUESTRA DE LENGUAJE ESPONTANEO
Spontaneous speech sample

NACIMIENTO
Birth

NERVIOSO
Nervous

NEUROFISIOLOGICO
Neurophysiological

NEUROLOGO
Neurologist

NEUROTICO
Neurotic

NIÑO DISHABILITADO PARA APRENDER
Learning handicapped child

NIÑEZ
Childhood

NIÑO CON PROBLEMAS PARA APRENDER
Learning disabled child

NIÑO CON PROBLEMAS PARA APRENDER
Learning handicapped child

NIÑO DISLEXICO
Dyslexic child (Véase Dyslexia)

NIÑO QUE APRENDE DESPACIO
Slow learner

NIÑO QUE APRENDE POR AUDICION
Auditory learner

NIÑO QUE TIENE UN RITMO LENTO DE APRENDER
Slow learner

NIÑO "RETARDADO DE 6 HORAS"
"Six-hour retarded child"

NIÑO TEMPORALMENTE ADOPTADO
Foster child

NIÑOS DE ALTO RIESGO
High risk children

NIÑOS EXCEPCIONALES
Exceptional children

NIVEL
Level

NIVEL ACTUAL DE FUNCIONAR
Present level of functioning

NIVEL BAJO DE FRUSTRACION
Low frustration level

NIVEL DE AFECTIVIDAD
Affective level

NIVEL DE ANSIEDAD
Anxiety level

NIVEL DE APROVECHAMIENTO ESCOLAR
Achievement level

NIVEL DE ASPIRACION
Aspiration level

NIVEL DE DESARROLLO
Developmental level

NIVEL DE DESARROLLO ESCOLAR
Achievement level

NIVEL DE GRADO
Grade level

NIVEL DE LECTURA
Reading level

NIVEL DE PROGRESO ESCOLAR
Achievement level

NIVEL DE RENDIMIENTO
Achievement level

NIVEL EMOCIONAL
Affective level

NIVEL PRESENTE DE FUNCIONAMIENTO
Present level of functioning

NIVELES
Grades (i.e. 1st, 2nd, etc.)

NIVELES APROPIADOS
Appropriate levels

NIVELES PRESENTES DE RENDIMIENTO ESCOLAR
Present levels of educational performance

NOCION DE DERECHA-IZQUIERDA
Right-left orientation

NORMA PARA JUZGAR
Criteria

NORMAL LISTO
Normal bright

NORMALIZACION
Normalization

NORMAS
Norms

NORMAS DE EDAD
Age norms

NORMAS DE GRADO
Grade norms

NOTAS
Grades (e.g. A, B, C, etc.)

NOTIFICACION
Notification

NOTIFICACION PREVIA
Prior notice

OBEDECER ORDENES SENCILLAS/ORDENES COMPLEJAS
Follow simple commands/complex commands

OBESIDAD
Obesity

OBJETIVO INSTRUCCIONAL DE LARGO PLAZO/DE TERMINO LARGO
Long term instructional objective

OBJETIVOS
Objectives

OBJETIVOS DE APRENDIZAJE
Learning objectives

OBJETIVOS DE COMPORTAMIENTO
Behavioral objectives

OBJETIVOS DE LARGO PLAZO
Long term objectives

OBJETIVOS DE TERMINO LARGO
Long term objectives

OBJETIVOS DIDACTICOS
Learning objectives

OBJETIVO INSTRUCCIONAL DE CORTO PLAZO/DE TERMINO LARGO
Short term instructional objective/long term

OBSERVACIONES ANECDOTICAS
Anecdotal observations

OFTALMOLOGO
Ophthalmologist

OMISION
Omission (Speech)

OPORTUNIDADES CULTURALES
Cultural opportunities

OPTOMETRISTA
Optometrist

OPUESTO
Opposite

ORDEN
Mandate

ORDEN
Sequence

ORDEN DEL NACIMIENTO DE LOS HIJOS
Sibling order

ORDEN PROGRESIVAMENTE MAS DIFICIL
Increasing order of difficulty

ORDENAMIENTO
Sequence

ORDENAMIENTO AUDITIVO
Auditory sequencing

ORDENAMIENTO DE MOVIMIENTOS FINOS
Fine motor sequencing

ORDENAMIENTO VISUAL
Visual sequencing

ORDENES COMPLEJAS
Complex commands

ORGANICO
Organic

ORIENTACION ESPACIAL
Spatial orientation

ORIENTACION TEMPORAL
Temporal orientation

OTROS IMPEDIDOS DE LA SALUD
Other health impaired

PADRE SUBSTITUTO
Surrogate parent

PALABRAS OPUESTAS
Opposites (Véase Opposite)

PALABRAS QUE SE LEEN "A GOLPE DE VISTA"/"A PRIMERA VISTA"
Sight words

PALABRAS SIN SENTIDO
Nonsense words

PALADAR FISURADO
Cleft palate

PAPEL
Role

PARALISIS
Paralysis

PARALISIS CEREBRAL
Cerebral palsy

PARANOIA
Paranoia

PARANOICO
Paranoic (Véase Paranoia)

PARAPLEGIA
Paraplegia

PARAPLEGICO
Paraplegic (Véase Paraplegia)

PARAPROFESIONAL
Paraprofessional

PARTO
Birth

PASIVO
Passive

PATIO DE RECREO
Playground

PATOLOGIA DEL HABLA
Speech pathology

PATOLOGO DEL HABLA
Speech pathologist

PATRON CULTURAL
Cultural pattern

PERCENTIL
Percentile

PERCEPCION
Perception

PERCEPCION AUDITIVA
Auditory perception

PERCEPCION DE FIGURA Y FONDO
Figure-ground perception

PERCEPCION DE PROFUNDIDAD
Depth perception

PERCEPCION TACTIL
Tactile perception

PERCEPCION TEMPORAL
Time perception

PERCEPCION VISOMOTRIZ
Visual-motor perception

PERCEPCION VISUAL
Visual perception

PERDIDA DE LENGUAJE
Language loss

PERDIDA PARCIAL DEL OIDO
Partial hearing loss

PERDIDA SEVERA DE AUDICION
Severe hearing loss

PEREZOSO
Lazy, laziness

PERFIL
Profile

PERINATAL
Perinatal

PERIODO DE ATENCION
Attention span

PERIODO DE LATENCIA
Latency period

PERIODO DE OPERACIONES CONCRETAS
Concrete operations stage (Piaget)

PERIODO DE OPERACIONES FORMALES
Formal operational stage (Piaget)

PERIODO DE PREOPERACIONES
Preoperational stage (Piaget)

PERIODO SENSORIMOTRIZ
Sensorimotor stage (Piaget)

PERMANENCIA DE OBJETOS
Object permanence (Piaget)

PERSEVERACION
Perseveration

PERSONA CON IMPEDIMENTOS MULTIPLES Y SEVEROS
Severly multihandicapped

PERSONA QUE SE DESANIMA FACILMENTE
Easily discouraged (Véase Discouraged)

PERSONAL
Personnel

PERSONALIDAD
Personality

PERSONALIDAD MULTIPLE
Multiple personality

PERSONAS CON DISHABILIDADES MENTALES
Mentally disabled

PERSONAS CON DISHABILIDADES MULTIPLES
Multihandicapped

PERSONAS DISHABILITADAS
Disabled persons

PERSONAS INCAPACITADAS
Disabled persons

PERSONAS MINUSVALIDAS
Disabled persons

PERSONAS QUE SACAN ALTAS CALIFICACIONES
High scoring students

PERTURBADOR VERBAL
Verbally disruptive

PETIT MAL
Petit mal

PLAN COMPRENSIVO DE EDUCACION ESPECIAL
Comprehensive plan for special education

PLAN COOPERATIVO
Cooperative plan

PLAN DE EDUCACION INDIVIDUALIZADO
Individual education plan

PLAN DE EVALUACION
Assessment plan

PLAN DEL ESTADO
State plan

PLAN MAESTRO DE EDUCACION ESPECIAL
Master plan

POCO CONTROL DE IMPULSOS
Poor impulse control

POCO MOTIVADO
Unmotivated

POLIO
Polio

POLIOMIELITIS
Polio

PORCENTAJE
Percentage   (Véase Percent)

PORCENTIL
Percentile

POR CIENTO
Percent

POSICION SOCIAL
Status

POSICION EN ESPACIO
Position in space

POSTNATAL
Postnatal

POTENCIAL
Potential

POTENCIAL MAXIMO
Maximum potential

PRAGMATICO
Pragmatics

PREDECIR
Predict

PREESCRITURA
Writing readiness

PREGUNTA DEL REFERIMIENTO
Referral question

PREGUNTAS DE OPCIONES MULTIPLES
Multiple choice questions

PREJUICIO
Bias

PREJUICIO CULTURAL
Cultural bias

PRELECTURA
Reading readiness

PREMIO
Reward

PRENATAL
Prenatal

PROBLEMAS DE COMPORTAMIENTO
Behavior problems

PROBLEMAS PERCEPTUALES
Perceptual problems

PROCEDIMIENTO AUDITIVO
Auditory processing

PROCEDIMIENTO DEBIDO
Due process

PROCESAMIENTO AUDITIVO
Auditory processing

PROCESAR LO QUE SE OYE
Auditory processing

PROFICIENCIA DE LENGUAJE
Language proficiency

PROGNOSIS
Prognosis

PRONOSTICO
Prognostic (Véase Prognosis)

PROGRAMA COOPERATIVO
Cooperative program

PROGRAMA DE ESPECIALISTAS DE RECURSOS PARA LA
EDUCACION ESPECIAL
Resource specialist program

PROGRAMA DE ESTIMULACION INFANTIL
Infant stimulation program

PROGRAMA DE ESTUDIO-TRABAJO
Work-study program

PROGRAMA DE INTERVENCION TEMPRANA
Early intervention program

PROGRAMA REGULAR
Mainstream

PROGRAMA VOCACIONAL ADAPTADO
Adapted vocational program

PROGRAMAS DE AYUDA PUBLICA
Public assistance programs

PROGRAMAS DE EXPERIENCIA DE TRABAJO
Work experience programs

PROGRAMAS PREESCOLARES
Preschool programs

PROGRESO
Growth

PROGRESO ACADEMICO
Academic progress

PROGRESO SIGNIFICATIVO
Significant progress

PROMEDIO
Average

PROMEDIO ARITMETICO
Arithmetic mean

PROMEDIO DE PALABRAS POR FRASE
Mean length of utterance

PROMOCION (de una causa)
Advocacy

PROMOVER DE GRADO
Promote

PRONUNCIACION
Pronunciation

PROTECCION EN EVALUACION
Protection in evaluation

PROTECCIONES DE PROCEDIMIENTO
Procedural safeguards

PROTESIS
Prosthesis

PROTESIS AUDITIVO
Hearing Aid

PROTOCOLOS
Protocols

PROTOCOLOS DE CALIFICACION
Scoring protocols

PRUEBA
Test

PRUEBA DE HABILIDAD
Ability test

PRUEBA PARA GRUPO
Group test

PRUEBAS DE ACTITUDES
Attitude tests

PRUEBAS DE APTITUD VISUAL
Visual aptitude tests

PRUEBAS LIBRES DE LA INFLUENCIA DE LA CULTURA
Culture free tests

PRUEBAS PSICOLOGICAS
Psychological tests (Véase Psychological Measurement)

PSICOLINGUISTICO
Psycholinguistic

PSICOLOGIA
Psychology

PSICOLOGIA EDUCACIONAL/EDUCATIVA
Educational psychology

PSICOLOGO/A ESCOLAR
Psychologist (Véase Psychology)

PSICOLOGIA ESCOLAR
School psychologist

PSICOMETRIA
Psychometrics

PSICOMOTRIZ
Psychomotor

PSICOSOMATICO
Psychosomatic

PSICOTICO
Psychotic

PSICOTICO MANIACODEPRESIVO
Manic depressive

PUBERTAD
Puberty

PUNTAJE PROMEDIO
Average score

PUNTAJES
Scores

PUNTUACION BRUTA
Raw score

PUNTUACION CRUDA
Raw score

PUNTUACION DEL GRADO
Grade equivalent score

PUNTUACION DE PROMEDIO
Average score

PUNTUACION VERDADERA
True score

PUNTUACIONES
Scores

PUNTUACIONES DE EDAD
Age equivalent scores

PUNTUACION DEL GRADO
Grade equivalent score

PUNTUACIONES ESTANDAR
Standard scores

PUNTUACIONES TRANSFORMADAS
Derived scores

PUNTUACIONES QUE CORRESPONDEN A GRADOS ESCOLARES
Grade equivalent scores

RANGO
Range

RANGO DE EDAD
Age Range

RASGO
Trait

RASGOS DE CONDUCTA
Behavior traits

RAZONAMIENTO ABSTRACTO
Abstract reasoning

RAZONAMIENTO CONCRETO
Concrete reasoning

RAZONAMIENTO DEDUCTIVO
Deductive reasoning

RAZONAMIENTO DE NUMEROS
Numerical reasoning

RAZONAMIENTO INDUCTIVO
Inductive reasoning

RAZONAMIENTO VERBAL
Verbal reasoning

REACTIVO/S
Item/s

RECEPCION AUDITIVA
Auditory reception

RECHAZAR
Reject

RECOMENDACIONES
Recommendations

RECOMPENSA
Reward

REFERIMIENTO
Referral

REFERIR
Refer (Véase Referral)

REFORZAR
Reinforce (Véase Reinforcement)

REFUERZO
Reinforcement

REFUERZO CON FICHAS
Token reinforcement

REFUERZO NEGATIVO
Negative reinforcement

REFUERZO POSITIVO
Positive reinforcement

REGISTRAR
Enroll

REGISTRO ACUMULATIVO
Cume (cumulative) folder

REGISTRO ANECDOTICO
Anecdotal record

REHABILITACION
Rehabilitation

REHABILITACION AUDITIVA
Aural rehabilitation

REHABILITACION AURICULAR
Aural rehabilitation

RELACION CAUSAL
Causal relationship

RELACION ENTRE EL TOTAL Y PARTE DEL TOTAL
Part-whole realtionships

RELACION PARTE-TOTAL
Part-whole relationships

RELACIONES CON MIEMBROS DE SU GRUPO
Peer relationships

RELACIONES ESPACIALES
Spatial relationships

RELACIONES INTERPERSONALES
Interpersonal relations

RELACIONES MALAS CON SUS COMPAÑEROS
Poor peer relationships

REMEDIACION
Remediation

RENDIMIENTO
Performance

RENDIMIENTO
Achievement

RENDIMIENTO ESCOLAR
School achievement

REPERTORIO
Repertoire

REPERTORIO DE CONDUCTAS
Behavior repertoire

REPORTE
Report

REPRIMIRSE
Repress

REQUERIMIENTOS
Requirements

REQUISITOS
Requirements

REQUISITOS MINIMOS PARA GRADUACION
Minimum competency standards

RESISTENCIA PASIVA
Passive resistance

RESPONSABILIDAD
Responsibility

RESULTADOS DE LA EVALUACION
Results of testing

RESUMEN
Summary

RETARDADO MENTAL
Mentally retarded

RETARDADO MENTAL EDUCABLE
Educable mentally retarded
(Véase Educable Mental Retardation)

RETARDADO MENTAL ENTRENABLE
Trainable mentally retarded

RETARDADO MENTAL SEVERO
Severely retarded

RETARDO
Retardation

RETARDO MENTAL
Mental retardation

RETARDO MENTAL EDUCABLE
Educable mental retardation

RETARDO MENTAL LEVE
Mild mental retardation

RETENCION
Retention (Véase Retain)

RETENER
Retain

RETRAERSE
Withdrawn

RETRAIDO
Withdrawn

RETRASO
Retardation

RETRASO DEL DESARROLLO
Developmental lag/delay

RETRASO DEL LENGUAGE
Language delay

RETRASO DE MADURACION
Maturational lag

RETROALIMENTACION
Feedback

REUNION ENTRE LA MAESTRA Y LOS PADRES DE FAMILIA
Parent-teacher conference

REVISION ANUAL
Annual review

REVISION PRELIMINAR
Preliminary review

RIGIDEZ
Rigidity

ROL
Role

ROTACION
Rotations

RUDO
Rude

SACAR NOTAS BAJAS
Low scoring

SALON DE RECURSOS
Resource room

SALTAR A LA PATA COJA
Hop

SALTAR EN UN PIE
Hop

SALTAR UN GRADO
Skip a grade

SARAMPION ALEMAN
Maternal rubella (Véase German Measles)

SARAMPION ALEMAN
German measles

SECUENCIA
Sequence

SECUENCIA DE MOVIMIENTOS FINOS
Fine-motor sequencing

SEGUIMIENTO VISUAL
Visual tracking

SEMEJANZAS
Similarities

SENSORIMOTRIZ
Sensorimotor

SERIE
Sequence

SERVICIOS DE CONSEJO
Counseling services

SERVICIO DE EVALUACION EDUCATIVA
Educational assessment service

SERVICIOS DE RESPALDO
Support services

SERVICIOS DIFERENCIADOS
Differentiated services

SERVICIOS EXTENDIDOS
Extended services

SERVICIOS INSTRUCCIONALES DESIGNADOS
Designated instructional services

SERVICIOS ITINERANTES
Itinerant services

SERVICIOS ITINERARIOS
Itinerant services

SERVICIOS RELACIONADOS
Related services

SEVERAMENTE IMPEDIDO DEL HABLA
Severely speech handicapped

SEVERO TRASTORNO EMOCIONAL
Severe emotional disturbance (Véase Severely Emotionally Disturbed)

SIGNIFICATIVO
Significant

SIGNOS MANUALES
Signing

SIMPATIA
Rapport

SINDROME
Syndrome

SINDROME DE DOWN'S
Downs syndrome

SINTAXIS
Syntax

SINTESIS
Synthesis

SINTESIS VISUAL
Visual synthesis

SINTOMAS
Symptoms

SISTEMA INNATO DE RESPUESTAS
Innate response system

SISTEMA NERVIOSO CENTRAL
Central nervous system

SISTEMA RECEPTIVO
Input system

SITUACIONES PRODUCTORAS DE ANSIEDAD
Anxiety-producing situations

SOBREESTIMULACION
Overstimulation

SOBREPROTEGIDO
Overprotected

SOCIABILIDAD
Sociability

SOCIALIZACION
Socialization

SOÑAR DESPIERTO
Daydreaming

SORDERA PARCIAL
Partial hearing loss

SORDERA PRELINGUAL
Prelingual deafness

SORDO
Deaf

SORDO ADVENTICIO
Adventitiously deaf

SORDO CONGENITO
Congenitally deaf

SUBPRUEBAS
Subtests

SUBTESTS
Subtests

SUMARIO
Summary

SUPERDOTADO
Gifted

SUPERDOTADOS
Mentally gifted

SUPERINTENDENTE
Superintendent

SUPERIOR AL TERMINO MEDIO
Above average

SUPRESION
Supression

SUSTITUCION
Substitution

TABLAS DE NORMAS
Norming tables

TACITURNO
Moody

TACTIL
Tactile

TALENTOSO
Talented

TALLER PROTEGIDO
Sheltered workshop

TANTEAR
Probe

TARTAMUDEAR
Stutter (Véase Stuttering)

TARTAMUDEZ
Stuttering

TECHO
Ceiling

TECNICA SOCIOMETRICA
Sociogram

TECNICAS PARA LA VIDA COTIDIANA
Techniques of daily living

TEMPERAMENTO
Temperament

TENDENCIA CENTRAL
Central tendency

TENSION
Stress

TERAPEUTA DEL HABLA
Speech therapist

TERAPEUTA FISICO
Physical therapist

TERAPEUTA OCUPACIONAL
Occupational therapist (Véase Occupational therapy)

TERAPEUTA RECREACIONAL
Recreational therapist

TERAPIA
Therapy

TERAPIA DE MEDICINAS
Drug therapy

TERAPIA DEL HABLA
Speech therapy

TERAPIA FAMILIAR
Family therapy

TERAPIA FISICA
Physical therapy

TERAPIA OCUPACIONAL
Occupational therapy

TERAPIA VOCACIONAL
Vocational therapy

TEST
Test

TEST DE AUDICION
Hearing test

TEST DE DIAGNOSTICO
Diagnostic test

TEST ESTANDARIZADO
Normed test

TEST DE HABILIDAD
Ability test

TEST NORMATIVO
Norm-referenced test

TEST OBJETIVO
Objective test

TEST DE PERSONALIDAD
Personality test

TEST PROYECTIVO
Projective test

TESTS DE APTITUD VISUAL
Visual Aptitude Tests

TIEMPO DE REACCION
Reaction time

TIEMPO FUERA
Time out

TIEMPO LIBRE
Free time

TIMIDO
Shy

TOPE
Ceiling

TRABAJADOR SOCIAL
Social worker

TRABAJO DE CAMPO
Field test

TRASTORNO
Disorder

TRASTORNO AUDITIVO
Hearing disorder (Véase Hearing Impairment)

TRASTORNO COMUNICATIVO
Communicative disorder

TRASTORNO DE LENGUAJE
Language disorder

TRASTORNO DEL HABLA
Speech disorder

TRASTORNOS DE FIGURA Y FONDO
Figure-ground disturbance

TRATAMIENTO
Treatment

TRATAMIENTO DIETETICO
Dietetic treatment

TRAUMA
Trauma

TRIBUNAL
Court

TUTOR
Tutor

USO PRAGMATICO DEL LENGUAJE
Pragmatics

VAGO
Truant

VALIDEZ
Validity

VALIDACION CRUZADA
Cross validation

VALIDEZ DEL CONTENIDO
Content validity

VALIDEZ NOMINAL
Face validity

VALIDEZ PREDICTIVA (de los exámenes)
Predictive validity (of tests)

VALORES CULTURALES
Cultural values

VARIABILIDAD
Variability

VECINDARIO
Neighborhood

VEGETAR
Vegetate

VELOCIDAD PERCEPTUAL
Perceptual speed

VISION BAJA/DEBIL
Low vision

VIVIR INDEPENDIENTEMENTE
Independent living

VOCABULARIO
Vocabulary

VOCABULARIO EXPRESIVO
Expressive vocabulary

VOCABULARIO PARA SOBREVIVIR
Survival vocabulary

VOCABULARIO RECEPTIVO
Receptive vocabulary

ZURDO
Left handed

APPENDIX C

English-Spanish Translations of the Names of the Most Commonly Used Tests

APENDIX C ENGLISH–SPANISH TRANSLATIONS OF THE NAMES OF THE MOST COMMONLY USED TESTS

AAMD Adaptive Behavior Scale	Escala de conducta adaptativa de la AAMD
Auditory Discrimination Test	Examen de discriminación auditiva
Bender Visual Motor Gestalt test	Prueba Gestalt viso-motora de Bender
Boehm Test of Basic Concepts	Examen de Boehm de conceptos básicos
Cain-Levine Social Competence Scale	Escala Cain-Levine de competencia social
California Achievement Test	Prueba de rendimiento de California
Children's Apperception Test	Prueba de apercepción para niños
Columbia Mental Maturiy Scale	Escala Columbia de madurez mental
Culture Fair Intelligence Test	Prueba de inteligencia culturalmente justa
Denver Developmental Screening Test	Prueba evolutiva Denver de identificación
Developmental Test of Visual-Motor Integration (VMI)	Prueba evolutiva de integración viso-motora
Draw-a-Person	Dibujo de una persona
Durrell Analysis of Reading Difficulty	Análisis de dificultad en la lectura de Durrell
Gates-McKillop Reading Dianostic Tests	Pruebas Gates-McKillop de diagnóstico en lectura
Goodenough-Harris Drawing Test	Examen Goodenough-Harris de dibujo
Gray Oral Reading Test	Examen Gray de lectura oral
Holtzman Inkblot Technique	Técnica de Holtzman de las manchas de tinta
House-Tree-Person	Casa-árbol-persona
Human Figures Drawing Test	Examen de dibujo de figuras humanas

Illinois Test of Psycholinguistic Abilities	Prueba Illinois de habilidades psicolingüísticas
- Auditory Association	- Asociación auditiva
- Visual Association	- Asociación visual
- Verbal Expression	- Fluidez léxica
- Manual Expression	- Expresión motora
- Grammatic Closure	-(Comprensión visual)
- Auditory Closure	- Comprensión auditiva
- Sound Blending	- Integración auditiva
- Visual Closure	- Integración visual
- Auditory-Sequential Memory	- Memoria secuencial auditiva
- Visual-Sequential Memory	- Memoria secuencial visomotora

Iowa Test of Basic Skills	Pruebas de habilidades básicas de Iowa
Key Math Diagnostic Arithmetic Test	La prueba de matemáticas básicas de diagnóstico en aritmética
Kuder Preference Record -Vocational	Examen de Kuder de preferencias de profesión
Kuhlmann-Anderson Intelligence Test	Prueba Kuhlmann-Anderson de inteligencia
Leiter International Performance Scale	Escala de ejecución internacional de Leiter
Memory for Designs Test	Prueba de memoria para diseños
Metropolitan Achievement Test	Prueba metropolitana de rendimiento
Metropolitan Readiness Tests	Pruebas metropolitanas de disposición
Minnesota Multiphasic Personality Inventory	Inventario multifásico de personalidad de Minnesota
McCarthy Scales of Children's Abilities	Escalas McCarthy de habilidades infantiles
Nebraska Test of Learning Aptitude	Prueba Nebraska de aptitudes en aprendizaje
Otis-Lennon Mental Ability Test	Examen de Otis-Lennon de habilidad mental
Peabody Individual Achievement Test	Prueba individual de rendimiento de Peabody
Peabody Picture Vocabulary Test	Prueba de vocabulario en figuras de Peabody

288

Pictorial Test of Intelligence	Prueba gráfica de inteligencia
Preschool Inventory	Inventario preescolar
Primary Mental Abilities Test	Prueba de habilidades mentales primarias
Raven Progressive Matrices	Matrices progresivas de Raven
Rorschach Inkblot Technique	Manchas de tinta de Rorschach
Snellen Test of Visual Acuity	Prueba Snellen de agudeza visual
Stanford Achievement Test	Prueba Stanford de rendimiento
Stanford-Binet Intelligence Scale	La escala Stanford-Binet de inteligencia
Stanford Diagnostic Reading Test	Prueba Stanford de diagnóstico de la lectura
System of Multicultural Pluralistic Assessment	Sistema de evaluación multicultural y pluralístico
- Physical Dexterity Tasks	- Escala de destreza física
- Weight by Height	- Peso y estatura
- Vision	- Visión
- Hearing	- Audición
- Health History Inventory	- Inventario de la historia de salud
- Bender	- Bender
- Adaptive Behavior Inventory for children	- Inventario de conducta adaptativa para niños
- WISC-R	- WISC-R
- Estimated Learning Potential	- Estimación del Potencial de Aprendizaje
- Sociocultural Scales	- Escalas Socioculturales
Thematic Apperception Test	Examen de apercepción temática
Vineland Social Maturity Scale	Escala Vineland de madurez social
Wechsler Adult Intelligence Scale-Revised	Escala Wechsler de inteligencia para adultos-Revisada
Wechsler Intelligence Scale for Children-Revised (WISC-R)	Escala Wechsler de inteligencia para niños-Revisada
- Information	- Información
- Similarities	- Semejanzas
- Arithmetic	- Aritmética
- Vocabulary	- Vocabulario
- Comprehension	- Compensión

- Digit span
- Picture Completion
- Picture Arrangement
- Block Design
- Object Assembly
- Coding
- Mazes

Wechsler Preschool Primary
Scale of Intelligence (WPPSI)

- Sentences
- Geometric Design

Wide Range Achievement Test

Woodcock Reading Mastery Test

Woodcock-Johnson
Psychoeducational Test Battery

- Retención de dígitos
- Figuras incompletas
- Ordenación de dibujos
- Diseños con cubos
- Composición de objetos
- Claves
- Laberintos

Escala Wechsler de inteligencia para
los niveles preescolares y primarios
(WPPSI)

- Oraciones
- Diseño geométrico

Prueba de rendimiento de rango
amplio

Pruebas de destreza en lectura de
Woodcock

Batería psicoeducacional de
Woodcock- Johnson